A Stein

Thalmudische Terminologie, zusammengestellt und alphabetarisch geordnet,

nebst einem Vorworte

A Stein

Thalmudische Terminologie, zusammengestellt und alphabetarisch geordnet,
nebst einem Vorworte

ISBN/EAN: 9783744610346

Hergestellt in Europa, USA, Kanada, Australien, Japan

Cover: Foto ©ninafisch / pixelio.de

Weitere Bücher finden Sie auf **www.hansebooks.com**

VORWORT.

Die Aufgabe einer Präparandie für Studirende der jüdischen Theologie.

In meiner Abhandlung: »Ueber den ersten Unterricht im Thalmud, nach den didaktischen Grundsätzen unserer Zeit,« vorgedruckt dem »Bericht über die Prager Thalmud-Thorah-Schule, abgestattet von deren Commission im Februar 1866« (Druck Prag 1866 von Senders & Brandeis, Verlag der Commission), habe ich zunächst aus dem *Inhalt* des Thalmuds die Schwierigkeit nachgewiesen, welche derselbe als Lehrgegenstand für die, nach den Grundsätzen der Pädagogik und Didaktik unsrer Zeit gebildete Jugend darbietet. Die, welche aus dessen *Sprache* und *äusserer Form* sich ergiebt, habe ich der mir gebotenen Kürze wegen nur flüchtig berühren können. Seitdem wurde die mir, von der löblichen Commission anvertraute Mischnahklasse zu einer Gemaraklasse erhoben, und ich hatte Gelegenheit das Schwierige der Aufgabe in weit höherem Grade zu erkennen. Ernstlich bemüht dasselbe zu überwinden und im Glauben an einen nicht ungünstigen Erfolg hielt ich es für angemessen und der Sache der Religion wie der Wissenschaft förderlich, meine Unterrichtsmethode mir selbst objectiv darzulegen, um zur Zeit darüber Rechenschaft geben zu können. Diese Zeit dürfte jetzt herangekommen sein, nachdem das gesammte Unterrichtswesen in unsrem theuern Vaterlande in eine neue, ohne Zweifel bessere Bahn eingelenkt und nachdem von allerhöchster Stelle auch eine zeitgemässe Bildung der jüdischen Schul- und Volkslehrer in Aussicht gestellt ist.

Wenn schon auf dem ersten Lehrertag zu Wien die verehrten Collegen in einer Separatversammlung der jüdischen Lehrer es als eine so äusserst schwierige Aufgabe der jüdischen Volksschule erkannt haben den Bibelunterricht in der Ursprache neben den übrigen, unabweisbaren Lehrgegenständen beizubehalten, dass man auseinandergehen musste, ohne sich über Mass und Methode dieses Unterrichts verständigt zu haben, und diese Frage noch heute einer günstigen Lösung harrt, wieviel schwieriger muss es sein für eine Bildungsanstalt für Volkslehrer — ob der Titel Rabbi oder Rabbiner wird beibehalten werden können, wird noch zu erörtern sein — dem Thalmud die ihm gebührende Stelle auf den Lehrplane derselben anzuweisen! Wenn aber alle Collegen darüber einig waren, dass wir die hebräische Bibel nicht aus der jüdischen Schule verweisen können, so dürfte noch weniger Zweifel darüber obwalten, dass der jüdische Volkslehrer in der Originalliteratur seiner Religionsgemeinde, vor Allem im Thalmud wohl bewandert sein müsse. Liegt beim hebräischen Unterricht die Schwierigkeit nur in der hierdurch vergrösserten *Quantität* des Lehrstoffs, da die jüdische Schule nur eine Sprache mehr als die gewöhnliche Volksschule übernehmen muss, so liegt sie beim Thalmud auch in der *Qualität* des Lehrobjects, da dieser den Geist in eine ganz andere Richtung treibt, als diejenige, mit welcher die Gymnasial- und Universitätslehrgegenstände aufgenommen werden. Die Gründung einer Anstalt, in welcher junge Leute zugleich und gleichmässig wissenschaftlich gebildet und thalmudisch geschult werden sollen, wird den Leiter derselben vor einen Dualismus stellen, den nur Unwissenheit oder Vermessenheit wegleugnen und von dem bis jetzt nicht behauptet werden kann, dass er theoretisch in eine glückliche Einheit verschmolzen worden sei. Denn dass die Judenheit eine Anzahl Männer aufzuweisen hat, welche die beiden Titel: Rabbi und Doctor mit Ehren tragen, beweist nur, dass es den Einzelnen wohl glücken mag auf zweien, ganz verschiedenen Kampfplätzen die Palme zu erringen. Sie haben zu verschiedenen Zeiten ihre Kräfte angestrengt; und es ist ihnen dann gelungen, das Eine zu erfassen und vom Andern nicht zu lassen. Gleichwohl wird es auch solchen eminenten Geistern schwer das Volk, das Ghettovolk glauben zu machen, dass sie beiden Fächern genügend gewachsen seien, dies hält sich instinktmässig an dem Grundsatze: Der Rabbi kann kein Deutsch, und der Doctor kann nicht lernen.

Doch, haben wir nicht ein Rabbinerseminar in Breslau, dessen Zöglinge die Rabbinenstühle der hervorragendsten jüdischen Gemeinden einnehmen und den rabbinischen wie wissenschaftlichen Anforderungen glänzend entsprechen? — Aber eben dieses Seminar ist dem schwierigen Problema klug ausgewichen. Es nimmt nur solche Zöglinge auf, welche den Staub der Doppelarena bereits überwunden haben, sie müssen den Thalmud mit Commentaren schon lesen und verstehen können und die Reife für Secunda eines preussischen Gymnasiums erlangt haben. Wie und wann sie dieses doppelte Ziel erreichen wollen, das ist lediglich ihre Sache. Es giebt noch keine Anstalt, giebt kein Proseminar, das beide Disciplinen vereinigte. In Oestreich sollen nun solche Anstalten ins Leben gerufen werden, dahin haben wenigstens die meisten, tüchtigsten und ehrwürdigsten Männer auf die Aufforderung des k. k. Ministeriums sich gutachtlich geäussert, sie müssen es daher für möglich halten die Schwierigkeit zu überwinden. Zwar hören wir auch widersprechende Ansichten, unter welchen das Gutachten, welches das Votum der Cultusgemeinde-Repräsentanz in der Reichshauptstadt bestimmt hat, da es auch in die Oeffentlichkeit getreten ist, (s. das Abendland V. Jhrg. Nr. 16 u. 17.) die grösste Sensation hervorzurufen geeignet ist.

Wir hören da die Gründung von Proseminaren widerrathen
1) aus *socialen* Gründen,
weil sie nicht ‚im Stande sein sollen die specifisch jüdischen Untugenden zu bewältigen,
2) aus *religiösen* Gründen,
weil Toleranz nur in einem lange fortgesetzten Umgang mit Christen gewonnen werden könne,
3) aus *pädagogischen* Gründen,
weil einem jüdischen Proseminar die geistige Gymnastik abgesprochen und seinen Lehrern und Leitern die grösste Dummheit und Verkehrtheit in der Behandlung der Lehrgegenstände imputirt wird, woraus
4) noch ein *wissenschaftlicher* Grund
aus einer angenommenen Verkennung und folglich Vernachlässigung des Studiums der klassischen Literatur hergeleitet wird.

Wir müssen diese Motive entschieden zurückweisen; denn was die beiden ersten betrifft, so bürden sie einer ganzen Religionsgenossenschaft einen *sittlichen Makel* auf, den diese nicht verdient. Ungezogenheiten kommen überall vor, sie mögen im Lebenskreise des Herrn Sachverständigen besonders stark hervorgetreten sein; das giebt ihm aber kein Recht sie als sociale Fehler und religiöse Mängel der Gesammtheit hinzustellen.

Die beiden letztern aber verdienen gar keine Beachtung, weil sie Etwas voraussetzen, was man in der Gewalt hat nicht eintreten zu lassen.

Kann das aber überhaupt ein Gutachten genannt werden, das seine Motive nur aus den Personen, Lehrern und Schülern, die noch gar nicht da sind, herleitet, und auf die Sache, die Lehrobjecte und ihr Verhältniss zu einander gar nicht eingeht? — Hier war vor Allem das zu suchen, was sich für und wider ein Proseminar sagen lässt, hier — das wird Jeder, der die Sache gründlich kennt, zugeben müssen — finden sich Schwierigkeiten, und in Folge dessen auch Bedenken gegen die Errichtung von Proseminaren, die aber nur alsdann zu Beweggründen einer Verwerfung derselben erwachsen, wenn sie sich als unüberwindlich erweisen. Ob dies wirklich der Fall ist, dürfte hier zu untersuchen die geeignete Stelle sein. Darum soll darauf eingegangen werden.

Die Schwierigkeit liegt darin, dass der Thalmud in der Gestalt, wie er jetzt uns vorliegt, und bei der Methode, mit der er bisher unterrichtet wird und in der That auch unterrichtet werden musste, ein ganz ungleichartiges Lehrobject neben allen übrigen Disciplinen der Schule unsrer Zeit ausmacht, dass daher, wenn beide in einer Anstalt unterrichtet werden, nicht der *einheitliche Geist* in der Schule herzustellen sein wird, dem jeder echte Schulmann als dem *Genius der Schule* huldigt und Huldigung verschafft. Wird der Grund dieser Ungleichartigkeit klar erkannt, so wird ein *guter Schulmann* ihren üblen Folgen abzuhelfen wissen. Das Ungleichartige liegt sowohl im Inhalt wie in der Form. Was den Inhalt betrifft, so berufe ich mich auf meine erwähnte Abhandlung und fasse das Resultat derselben hier nur kurz zusammen:

Während wir bei Allem, was wir in der Schule unterrichten, dem Schüler Positives geben, enthält der Thalmud nur Problematisches. An die Anschauung des Kindes anknüpfend leiten wir es an, die Dinge in ihren Erscheinungen geistig zu erfassen, ihre Theile zu unterscheiden, ihre Eigenschaften und Thätigkeiten zu beobachten, sie mit einander zu vergleichen und so aus sich selbst deren Werth, Bedeutung und Nutzen zu bestimmen. Vom Historischen theilen wir — so wird wenigstens der gewissenhafte Lehrer verfahren — nur solche Thatsachen und Begebenheiten mit, die ausser allem Zweifel sind. So steht der Lehrer seinem Schüler als Autorität gegenüber solange, bis er, der Schule entwachsen, die Befähigung und Berechtigung hat, das ihm in der Schule Uebergebene selbstständig zu prüfen und je nach dem Befund anzunehmen oder zu verwerfen. Hierzu leitet ihn die Universität an, wenn sie ist, was sie sein soll. Der Thalmud hingegen ist eine reine Universitätsdisciplin, er ist ganz und gar ein nie endigendes Fragezeichen. Zwar das Substrat desselben, die Mischnah, war ursprünglich angelegt fertige Resultate zu geben, aber die Gemara hat es sich lediglich zur Aufgabe gestellt diese wieder in Frage zu stellen. Wird also die Gemara mit den übrigen Lehrgegenständen gleichzeitig und in der herkömmlichen Weise gelehrt, so kommt damit ein Zwiespalt in den Geist der Schule. Einer solchen Schule kann man alle die Uebelstände zutrauen, die der Herr Sachverständige aus Wien hervorhebt, dass statt der Fibel »Göthes Faust und Kants Kritiken,« statt des lateinischen und griechischen Elementarbuches »Tacitus und Plato« benutzt werden. Aber muss denn das so sein? Sollte es keine Thalmudkundige geben, die zugleich befähigte, von ihrem grossen Berufe durchdrungene Schulmänner sind? Freilich wer in das Dunkel des Rabbinismus eingehüllt so wegwerfend von seinen Religionsgenossen urtheilt, einem Jupiter gleich nur die Blitze der Schmähung um sich schleudert, der mag keine Vorstellung davon haben, wie ein Proseminar so hergestellt werden könne, dass es allen Anforderungen einer zeitgemäss guten Schule entspricht, und doch zugleich auf das Thalmudstudium genügend vorbereitet. Wir halten das allerdings für möglich, und darum versuchen wir es die Aufgabe einer solchen Anstalt näher zu beleuchten. Wir glauben nämlich, dass sie mit dem *Inhalt* des Thalmuds sich *gar nicht*, sondern nur mit den *vorbereitenden Disciplinen* zu demselben zu befassen habe. Von diesen findet sie schon manche fertig vor, andere wird sie erst neu schaffen müssen.

Sie findet vor die, bisher nur zu sehr vernachlässigte hebräische Sprache, die Bibelkunde, die Uebung im Lesen und Verstehen der wichtigsten Bibelcommentare (Raschi, Raschbam, Aben Esra, Ramban etc.), die ganze Literatur des Neuhebräischen, besonders die poetischen und religionsphilosophischen Schriften der spanischen Schule und die Mischnah. Zu dieser letztern wird sie, mit Benutzung älterer Arbeiten eine Einleitungswissenschaft zu liefern haben. Alle diese Lehrgegenstände sind echte »Factoren der Bildung« und von einem tüchtigen Lehrer können sie der Naturkunde, der Mathematik, der deutschen, französischen, römischen und griechischen Literatur ganz »congenial« vorgetragen werden.

Doch wir wollen ja Thalmudkenner bilden, und so muss denn auch in einer rabbinischen Präparandie auf den Thalmud, dessen Inhalt wir zwar der Anstalt, welche der Universität zu entsprechen hat, dem Rabbinerseminar vorbehalten wissen wollen, wenigstens soweit vorbereitet werden, dass der Studirende ihn geläufig lesen und zu behandeln verstehe.

Hier kommen wir nun auf die Schwierigkeit, welche der Thalmud von seiner formalen Seite bietet.

Schon die Trennung von Inhalt und Form, die wir hier als etwas von selbst Verständliches besprechen, wird dem Thalmudisten der alten Schule als etwas Unerhörtes, Unbegreifliches vorkommen. Er hat, nachdem er Einiges aus dem Pentateuch, und auch das in thalmudischer Manier gelesen hatte, seinen Thalmud zu lernen angefangen, und dabei ist er gross und alt geworden und darf sich zutrauen ihn zu verstehen. Wundern wir uns nicht so sehr darüber. Ist es doch mit andern Lehrgegenständen früher ebenso getrieben worden. Ich erinnere mich noch, wie der alte Examinator der Lateinschule, die ich zuerst besuchte, verächtlich bemerkte: Was man da für Federlesens mit der Bröder'schen Grammatik mache! Als er eben lesen konnte, habe sein Rector ihm Cicero's Reden erst vorgelesen, exponirt und dann zum Auswendiglernen gegeben, und so sei er ein Lateiner geworden, wie wir es wohl alle nicht werden würden. — Es sind kaum 50 Jahre her, als in Preussen der Rochow'sche Kinderfreund erschien; vorher wurde in allen Schulen, sobald die Buchstaben und das Buchstabiren von einer Wandtafel gelehrt waren, als erste Leseübung die Bibel und der Katechismus benutzt. Man kam also auch hier, wie unser Herr Sachverständiger sich ausdrückt, »in medias res.« Sollte aber die Verbesserung des Jugendunterrichts seit 50 Jahren nicht auch auf den Thalmud angewendet werden können? Schwerer, das gebe ich zu, wird es sein, als bei allen übrigen Lehrgegenständen wegen seiner Beschaffenheit, wie des Mangels aller Vorarbeiten wegen. Aber mit diesen muss angefangen, und darum muss vor Allem seine Beschaffenheit dargelegt werden, was hier geschehen soll.

Der Thalmud ist kein Buch in dem Sinne, in welchem man sonst von einem Buche spricht. Er ist nicht in *einer* bestimmten Sprache, sondern in einer Sprachmischung abgefasst, ja er ist gar nicht einmal abgefasst; denn von seinem Inhalte ist dessen, was nicht geschrieben ist, fast ebensoviel, als was geschrieben ist. Man versuche es einige Zeilen der Gemara in eine andere Sprache zu übersetzen, und man wird sich überzeugen, dass man bei treuer Wiedergabe der vorliegenden Wörter nie einen verständlichen Satz erhalten wird, man muss stets Ergänzungen aus den eigenen Gedanken hinzufügen. Der Thalmud ist bis jetzt nur ein Haufen dürrer Gebeine, diejenigen, die ihn studiren, müssen Fleisch und Haut und Geist ihm erst zubringen. Schon der Mangel der Vokale und aller Satztheilungszeichen macht eine Lectüre desselben, ohne die mündliche Ueberlieferung eines Lehrers ganz unmöglich.¹) Aber dieser Lehrer hat noch weit mehr

---

¹) Zum Beweise stehe hier der erste Satz der Gem. in Berachoth: .ת.נא היה קאי״. Der Anfänger weiss nicht, welche Vokale zu setzen, weiss auch nicht, dass dies ein Fragesatz ist. Das also muss ihm ein Lehrer vorsagen. Die Bedeutung der Wörter kann er in Buxtorf's thalmudischem Lexicon, seit einem Jahre auch, da sie glücklicherweise chaldäisch sind, in Levy's chald. Wörterb. nachschlagen. Dann wird er richtig übersetzen: *Wo steht der Autor der Halachah?* Wie weit steht er da noch von dem Gedanken ab, den diese 3 Wörter ausdrücken sollen? Ohne einen Lehrer findet er ihn nicht, und dieser Lehrer selber findet ihn erst nach einem Blick auf den Compass des Thalmudmeeres — den Commentar Raschi's. Dieser macht aus den drei Wörtern folgenden Satz; *Wo ist die Pflicht: Schema zu lesen, enthaltend, dass der Autor der Halachah sich darauf berufen und hier nach der Zeit, wann es gelesen werden müsste, fragen konnte?* Hier ist die Erklärung Rs. aber nur dem Sinne nach wiedergegeben, eine wörtliche Uebers. würde einen so verschrobenen Satz geben, dass ein Jünger unsrer Zeit ihn nimmer versteht.

zu geben als das blosse Verständniss der Wörter und Sätze, er muss auch das ganze Leben der jüdischen Nation und besonders der Generation, welche die thalmudische Geistesrichtung aus sich herausgebildet, zur Anschauung bringen. Ob das in seiner ganzen Treue überhaupt noch möglich sein wird, kann fraglich sein. Der Herr Sachverständige von Wien hält die Unmöglichkeit für ausgemacht, er bezeichnet das jüdische Schriftthum für »todter als die todten Sprachen.« Das dürfte nun sicherlich übertrieben sein; denn erstlich stehen wir Juden dem jüdisch-rabbinischen Leben noch nicht so fern, dass wir es nicht mehr beim Thalmudstudium veranschaulichen könnten, wobei ich freilich für Wien die Vertretung seiner Behauptung ihm überlassen muss. Dann aber muss es dem tüchtigen Lehrer des Thalmuds ebensogut möglich sein uns nach Nehardea und Sura zu versetzen, wie der Ausleger der griechischen und römischen Klassiker uns dabei in den Strassen Athens und Roms promeniren lässt. Dazu bedarf es nun allerdings einer gründlichen Geschichts- und Alterthumskunde und vieler erst noch einzuführenden und zu schaffenden Lehrmittel und Apparate. Es muss ernstlich dazu geschritten werden den Thalmudbüchern eine Gestalt zu geben, wie sie andere Bücher haben; dazu genügt nicht, ihn, wie das in jüngster Zeit geschehen ist, statt in Folio in Oktav herauszugeben, er muss mit Vokalen und Interpunktionszeichen herausgegeben werden, es muss endlich auch zu einer Uebersetzung desselben kommen! Denn soll ein Lehrgegenstand auf die Höhe einer Wissenschaft erhoben werden, so darf er nicht mehr die ausschliessliche Domaine eines Stammes, sondern muss Gemeingut aller Wissensbestrebten sein. Wie es erst seit der Zeit eine *biblische* Wissenschaft giebt, seitdem die Gelehrten aller Länder die Bibel in ihrer eigenen Muttersprache lesen konnten, so wird auch das Thalmudstudium erst alsdann wissenschaftlich betrieben werden können, wenn nichtjüdische Gelehrte nicht mehr, wie einst Buxtorf, bei einem Juden in die Schule gehen müssen, um nur nothdürftig den Thalmud lesen zu können. Dazu haben unsre jüdischen Gelehrten — man kann das nur mit Bedauern aussprechen — bis jetzt wenig gethan. Sie haben viel gelehrte Werke über den Thalmud und thalmudische Stoffe geschrieben, und sich damit einen, im Grunde wohlfeil erkauften Ruhm erworben; denn die nichtjüdische Welt war gar nicht im Stande die Richtigkeit ihrer Resultate zu prüfen, weil die Quelle, aus der sie schöpften, ihnen unzugänglich war. Wenn sie sich damit entschuldigen, dass sie nur für Juden geschrieben, so steht damit im Widerspruch, dass sie die allgemeine, wissenschaftliche Würdigung für ihre Arbeiten in Anspruch nahmen. Und wenn sie gar, wie Zunz, Geiger, Sachs und Frankel der nichtjüdischen Gelehrtenwelt darob grollen, dass sie der spezifisch jüdischen Wissenschaft so wenig Aufmerksamkeit zuwenden, so übertreten sie damit das rabbinische Verbot לועג לרש „Du sollst des Armen nicht spotten.« Muss denn erst wieder ein egyptischer Ptolemäus kommen, der eine griechische Uebersetzung der Bibel sich durch Zwangmittel verschafft? Aber er ist glücklicherweise schon da. Mehr als ein König es vermöchte, zwingt uns unsre eigene Lage, das drängende Bedürfniss die jüdische Wissenschaft in unsrer eigenen Mitte, zu unsrem täglichen Bedarf zu erhalten, fortzupflanzen und zu erweitern, sie in eine Form zu bringen, welche sie auch denen zugänglich macht, die sie nicht mehr *erleben*, und daher *erlernen* müssen. Denn das Judenthum steht jetzt auf demselben Standpunkt mit seinem Thalmud, auf welchem es mit seiner Bibel stand zu der Zeit, als die erste griechische Uebersetzung derselben erschienen ist. Wie damals der jüdische Geist sich gräcisirt hatte, so hat er jetzt sich germanisirt, und dem Geiste muss die Form sich anbequemen. Wie dürfen wir nur hoffen, dass unsre, in deutschen Gymnasien gebildete Jugend ein Geistesproduct soll in sich aufnehmen können, das so ganz und gar mit der exclusiven Lebensweise der Juden verwachsen ist, nachdem diese selbst aufgehört, nachdem die Bedingungen, welche die Uebergabe jenes Productes von Lehrer auf Schüler vermittelten, gänzlich geschwunden sind, wenn wir nicht neue, der Bildungsstufe der Lernenden entsprechende Mittel schaffen? — Man sei doch ehrlich und bekenne, wie man selbst den Thalmud gelernt hat, und sage dann, ob es möglich ist ihn jetzt noch so zu lehren? *Der singende Ton, das Gesticuliren mit den Händen, das lebhafte Mienenspiel, das Arbeiten mit dem ganzen Leibe*, das in den Thalmudschulen zur Erscheinung kam, war dem Leben und der Rede der Ghettobewohner überhaupt eigen, es ersetzte die Verbindungswörter, welche in den abendländischen Sprachen Gedanken an Gedanken reihen, sie gegen einander über- oder unterordnen, ganzes und theilweises Zugestäudniss oder Zurückweisen ausdrücken. Solche Wörter hat auch die Thalmudsprache; aber hat ein Lehrer sie jemals erklärt — von Uebersetzen zu schweigen — oder zu erklären nöthig gehabt? Hat ein thalmudisches Lexicon es auch nur der Mühe werth gehalten sie aufzunehmen? Beim ersten Gang, den ein jüdisches Kind durch das Ghetto that, sah es auf den Mienen und in den Gesten seiner Bewohner hier ein פְּשִׁיטָא, dort ein מִדְאִיצְטְרִיךְ, hier ein דַּוְקָא, dort ein אַדְרַבָּא u.s.w. Geste, Wort und Begriff gingen ihm in Fleisch und Blut über, und die Lehrweise des Thalmuds war für alle Zeiten begründet, die Sprache des Thalmuds war ihm selbst eigen, nur die fremdsprachlichen Elemente desselben brauchte es noch zu erlernen. Wirklich hat auch das erste thalmudische Wörterbuch, der Aruch des R. Nathan b. Jechiel, der Erklärung der Fremdwörter seine Hauptaufmerksamkeit zugewendet und das eigene Sprachgut desselben nur so nebenbei behandelt. Beschämend aber ist das Geständniss, dass die Lexicographie der gesammten rabbinischen Literatur, die Verbesserung in der Form durch Buxtorf, und einige Zusätze durch Musafia, Lonsano u. A. abgerechnet, sich noch immer auf demselben Punkte befindet, auf welchem Nathan sie vor 800 Jahren beliess.

Es ist also dringend geboten mit wissenschaftlichem Geiste Hand anzulegen an dieses grosse Werk. Das Geschlecht, in welchem der Geist des Thalmuds lebte, steht auf dem Aussterbeetat, Talmudschulen, von diesem Geiste getragen, sind nirgends mehr anzutreffen; aber neue sollen gegründet werden, dafür muss jeder eifern, dem daran gelegen ist, dass all das Gute und Vortreffliche, das der Thalmud enthält, gerettet werde, jeder, dem daran gelegen ist, der Welt zu zeigen, dass unsere Väter in dem Jahrtausend, das hinter uns liegt, sich nicht blos mit leeren Alfanzereien und bodenlosem Gezänk abgegeben haben. Darum Glück auf zu den neuen Anstalten, zu den Seminaren und Proseminaren! Aber erst tüchtige Arbeiter geschafft, denn es gibt viel zu thun!

Vor Allem muss man mit der Sprache des Thalmuds ins Klare kommen. Seinem Hauptbestandtheile nach ist er gemischt vom Hebräischen und Aramäischen. Dass nun in einem Proseminar das Hebräische mit Berücksichtigung des Neuhebräischen gelehrt werde, versteht sich von selbst; aber auch das Aramäische oder, wie es bisher hiess, Chaldäische muss da gelehrt werden. Weil aber die ganze aramäische Literatur, die wir besitzen, von Juden herrührt, daher hebräisch gefärbt ist, und die Sprachformen nicht rein gehalten sind, darum muss auch derjenige Dialekt, der dem Aramäischen am nächsten steht, und seine Formen viel reiner erhalten hat — es muss das Syrische im Proseminar gelehrt ¦werden. Aber auch mit der Kenntniss dieser drei Sprachen ausgerüstet wird man den Thalmud noch nicht richtig lesen und verstehen können; denn die Thalmudschulen bildeten eine Welt für sich und schufen sich abseits des Idioms, dessen sie sich bedienten, noch besondere Sprachformen. Sie machen die *Schulsprache des Thalmuds*, oder die *thalmudische Terminologie* aus. Es gehören dazu sowohl eine Anzahl nur im Thalmud gebrauchter Wörter, als auch, zwar anderweitig bekannte, aber im Thalmud mit eigenthümlicher Bedeutung gebrauchte. Sie waren es gerade, welche sich bisher durch traditionelles Verständniss erhielten, daher in keinem Wörterbuche erklärt und übersetzt wurden. Unserer Jugend aber sind sie noch fremder als jedes andere Fremdwort, weil sie ihrem Gedankenkreise fern liegen, manche derselben in einer Lebenssphäre gebraucht wurden und noch gebraucht werden, der sie sich mit Freuden entzogen fühlen.

Das Verständniss derselben ist aber dringend nothwendig und muss daher auf wissenschaftlichem Wege vermittelt werden. Bei meinem Unterrichte im Thalmud, in einer Klasse, die lediglich aus Gymnasiasten bestand, habe ich das Bedürfniss danach lebhaft empfunden, und mich daher entschlossen ihm nach Vermögen abzuhelfen. Ich stellte daher alle diejenigen Wörter im Talmud zusammen, die in den bisherigen Wörterbüchern gar keine Stelle gefunden haben, andere, die zwar darin stehen, aber in der Bedeutung, welche sie als termini technici haben, nicht erklärt sind. Ich übergebe sie zunächst als Prüfungsprogramm meinen Schülern, hoffe aber auch in weitern Kreisen den Freunden des Thalmuds eine willkommene Gabe zu bringen, die, wenn auch nicht befriedigend, doch wenigstens anregend wirken wird. Ueber die Art der Behandlung werde ich mich noch in einer kurzen Einleitung aussprechen. Jetzt bleibt mir zum Abschlusse dieses Vorwortes noch übrig die Aufgabe eines Proseminars in Kürze darzulegen.

Diejenigen, welche das Bedürfniss eines solchen leugnen, wollen geradezu, dass die jüdische Theologie mit ihnen aussterbe. Wenn sie verlangen, nur Jünglinge, welche das Gymnasium vollständig absolvirt haben, sollen ins Seminar aufgenommen werden, so können sie sicher sein, niemals Studiosi der jüdischen Theologie zu haben. Es ist ganz unmöglich, dass ein Gymnasiast, der den Anforderungen seiner Klasse genügen will, noch Zeit genug erübrige, sich für das Studium der jüdischen Theologie vorzubereiten. Wenn er sich sehr anstrengt, kann er es höchstens dahin bringen, die ganze Bibel im Urtexte lesen und verstehen zu können. Ob er dann in seinem zwanzigsten, im glücklichen Falle achtzehnten Lebensjahre, im Hochgefühle seiner Fähigkeit und seines Rechtes den freien Studien der Universität sich zuwenden zu können, noch Lust in sich verspüren wird, sich nochmals auf die Schulbank zu setzen, um unpunktirte Texte lesen zu lernen, glaube, wer Lust hat, ich glaube es nicht. So verlockend ist auch die Aussicht für einen jüdischen Theologen nicht, dass er dann noch 6 Jahre des Studiums auf sein Spezialfach verwenden möchte. So viel Jahre sind aber für so wenig vorbereitete Jünglinge durchaus nothwendig. Dann vergesse man auch nicht, dass der jüdische Theologe die praktische Seite des jüdischen Lebens in der Häuslichkeit, wie im öffentlichen Gottesdienste kennen lernen muss. Das Gymnasium, welches ihm die Sabbathruhe nicht gönnt, wirkt doch gar zu abziehend. Es wird also, wollen wir noch Männer für das geistliche Amt im Judenthum gewinnen, bei vorbereitenden Anstalten für das Seminar verbleiben müssen. Diese müssen mit der Berechtigung ausgestattet sein, unter Aufsicht der Staatsbehörde Maturitätsprüfungen vorzunehmen und staatsgiltige Zeugnisse darüber auszustellen.

Tritt ein junger Mann nach zurückgelegter Sexta des Gymnasiums ins Proseminar, so braucht er noch 4 Jahre um seine Maturitätsprüfung in der Anstalt machen zu können, um dann 3 Jahre auf der Universität und gleichzeitig im Seminar zu studiren. Er bringt dann seinem Fachstudium ein Opfer von 2 Jahren, ist mit 26, im günstigen Falle mit 24 Jahren Rabbinatscandidat. Jünger ins Amt zu treten dürfte nicht gut sein.

Im Proseminar darf von den Lehrgegenständen des Gymnasiums für Septima und Octava nicht nur Nichts gekürzt, es muss sogar, und nach meiner Berechnung kann auch sehr gut noch mehr davon aufgenommen und gründlicher betrieben werden. Durch Vertheilung des Lehrstoffes auf 4 Jahre statt auf 2 ist das leicht zu erreichen. Daneben wird in den beiden ersten Jahren die Bibel in der Ursprache (Jesaja, Psalmen), im letzten Semester die chaldäischen Stücke der Bibel (Targum des Onkelos mit Einübung der chaldäischen Grammatik), vom Neuhebräischen: ausgewählte Traktate der Mischnah, Poetisches von Jehuda Halewi, Gabirol, den beiden Ibn-Esra's u. A., Prosaisches: Bachji's Chobath Halaboth u. A. gelehrt. In den letzten 2 Jahren wird zur Gemara geschritten. Es wird bis dahin hoffentlich für eine Ausgabe wenigstens eines Traktates gesorgt sein, wie Anfänger sie brauchen, um die Redensart und den Satzbau der Thalmudschule daran zu erkennen. Sie muss mit Vokalen und Interpunction versehen sein. Nach halbjähriger Anwendung einer solchen kann es dem Schüler zugemuthet werden sich schon allein in jeder gewöhnlichen Thalmudausgabe zurecht zu finden. Es werden vorgetragen: Bezah, Baba Mezia, Kiduschin oder andere, jedoch noch ohne auf Eruirung der Halachah abzuzielen, dagegen dürfte es rathsam erscheinen manche Stücke auswendig lernen und dann frei vortragen zu lassen; denn nur so tritt das Gemarastudium in seine ursprüngliche Bestimmung ein, Lehrer und Schüler haben Gelegenheit am Scharfsinne der Alten ihren eigenen zu prüfen und zu stärken. Vorträge über jüdische Geschichte und Alterthümer, hebräische Stylübung, ausgewählte Stücke aus Maimonides' Mischne-Thorah, Syrische Sprache dürften jetzt neben Tacitus und Horaz, Plato und Sophokles, Mathematik und Naturwissenschaft und einer philosophischen Propädeutik die Zeit des Präparanden ganz würdig ausfüllen und ihm die vollständige Reife für die Universität und das Seminar verschaffen. Sollte er sich dann entschliessen, einer andern als der theologischen Fakultät sich zuzuwenden, so dürfte er es wahrlich nicht bereuen durch ein Opfer von 2 Jahren sich die Vertrautheit mit den wissenschaftlichen Schätzen seines Volkes und seiner Religion erkauft zu haben.

Mit solchen Anstalten ausgerüstet darf die Judenheit hoffen Vertreter ihrer Religion zu gewinnen, die »von Gottes Zeugnissen reden können vor Königen ohne beschämt zu werden.«

Hierzu beizutragen durch Wort und That halte ich für eines jeden Juden ehrenvollste Aufgabe.

EINLEITUNG.

Ein Wörterbuch zum Thalmud! Wer sucht das? Wer kann es brauchen? Die Juden, welche ehedem den Thalmud lernten aus religiöser Pflichttreue, die Rabbinen, welche ihn jetzt noch der Amtspflicht wegen studiren, werden fast verächtlich den Kopf schütteln, wenn man ihnen ein Lexicon dazu anbietet, und die Nichtjuden werden auch mit Hilfe eines solchen ihn nicht verstehen; denn in seiner jetzigen Beschaffenheit können sie ihn nicht lesen. Die thalmudische Lexicographie hatte sich bis jetzt nirgends besonderer Gunst zu erfreuen. Rabbi Nathan ben Jechiel zu Rom hat im 11. Jahrhundert ein thalmudisches Lexicon, genannt Aruch, in rabbinisch-hebräischer Sprache geschrieben, aber nur in wenigen jüdischen Bibliotheken wird man ein Exemplar davon antreffen. Buxtorf[1]) hat im 17. Jahrhundert es in verbesserter Form, mit Berücksichtigung der chaldäischen Bibelübersetzungen lateinisch bearbeitet, aber es nimmt fast nur die Stelle eines Schaustückes in den öffentlichen Bibliotheken ein. Benützt wurden beide erst in neuerer Zeit von jüdischen Gelehrten, wenn sie die Überlegenheit ihrer philologischen Kenntnisse gegen die früherer Jahrhunderte zum Staunen der gelehrten Welt bekannt geben wollten. Dass man sie benutzt hätte. wie die Wörterbücher anderer Sprachen, um die Hauptbedeutungen der Wörter und das Verhältniss der abgeleiteten dazu zu erforschen, um die normalen Sprachformen als Regel, die anormalen als Ausnahme festzustellen, dürfte zu den seltenen Fällen gehören, was daraus genugsam bewiesen ist, dass die thalmudische Lexicographie seit 800 Jahren so gut wie keine Fortschritte gemacht hat. Man konnte bis jetzt dieses Hilfsmittels entrathen, da die thalmudischen Begriffe den Juden gleichsam eingeboren, und die thalmudische Sprechweise von Jugend auf angelernt waren. Hauptführer durch den Thalmud blieb Raschi's Commentar dazu, nebst einigen andern Auslegern; das Mittel zur Aneignung seines Verständnisses war die mündliche Ueberlieferung von Lehrer auf Schüler, freies, selbstständiges Studium war unerhört, war sogar verpönt. Eine Thalmudschule oder doch einen Thalmud-Verein, die das Herkommen schützten, gab es in jeder einigermassen bedeutenden Gemeinde.

Das hat sich aber in der neuesten Zeit gründlich geändert; statt der Thalmudschulen wurden Gymnasien und Realschulen gegründet, an Stelle der Schass-[2])Vereine traten Gesangvereine. Der Thalmud ist aus dem Bereiche einer subjectiven Reproduction in den einer objectiven Studie getreten. Ehe man dazu kommt seine fremden und schwierigen Wörter (מִלּוֹת חֲמוּרוֹת bei Nathan) zu erklären, muss man zuvor seine eigenthümlichen, gewöhnlichen Ausdrücke zu deutlichen Begriffen erheben. Ob die ursprünglichen Begriffe der thalmudischen Ausdrücke der jüngsten jüdischen Generation noch völlig deutlich waren, lässt sich sehr bezweifeln; denn wenn man die Schriften der Männer, welche als Heroen des Thalmuds gelten, mit philologisch kritischem Auge anblickt, so wird man finden, dass ganze Berge von Novellen (חִידוּשִׁים), Glossen (תּוֹסְפוֹת) und Auslegungen (דְרוּשִׁים) durch eine Zurückführung der Wörter auf ihren ursprünglichen Begriff zusammenstürzen. Je geläufiger die Herumträger sogenannter

---

[1]) Jo. Buxtorf (patris) Lexic. chaldaicum thalmud. et rabbinicum. Basil. 1640 Fol. Das Titelblatt trägt zur Schau: opus triginta annorum.

[2]) שַׁ״ס Abkürzung von שִׁשָּׁה סְדָרִים als Bezeichnung des Thalmuds.

קְטָטִים mit thalmudischen Phrasen um sich schleudern, desto grösser dürfte ihre Verlegenheit sein, wenn sie einem klassisch gebildeten Schüler den einfachen Wortsinn (קְטָט) einer solchen Phrase in irgend einer andern Sprache deutlich machen sollten. Es kann auch nicht anders sein bei denen, welchen die Thalmudsprache eine Art von Muttersprache geblieben ist. Wir können uns täglich überzeugen, dass Leute aus dem Volke, welche ihre Muttersprache, aber nur sie allein fertig sprechen, wenn es darauf ankommt, etwa vor Gericht als Zeugen, oder zu ihrer Vertheidigung den Verlauf einer Handlung genau zu beschreiben, zeitliche und örtliche Verhältnisse fasslich anzugeben, dabei ins Stocken gerathen und sich verwirren, was weit seltener dem begegnen wird, der ausser seiner Muttersprache noch eine andere erlernt und sich daran gewöhnt hat, an den fremden Ausdrücken die der eignen Sprache zu deutlichen Begriffen zu erheben.

Was den Thalmud betrifft, so überzeugte ich mich davon, als ich zum Behufe einer grössern Gründlichkeit im Studium mich daran machte ihn »in mein geliebtes Deutsch zu übertragen.« Da gewahrte ich zu meiner grossen Verwunderung, dass ich Stücke, über die ich doch früher öffentlich und mit dem Beifall von Kennern disputirt hatte, niemals verstand. Desto mehr bemühte ich mich das nachzuholen, indem ich drei Traktate : Sabbath, Baba Kama und Bezah schriftlich übersetzte. Indem ich die Wörterbücher dabei zu Rathe zog, bemerkte ich, dass sie die hebräischen und aramäischen Wörter des Thalmuds nur in dem Falle, wenn sie eine, vom gewöhnlichen Wortsinne abweichende Bedeutung hatten, sonst aber nur Fremdwörter erklärten. Um mir über die ursprüngliche Bedeutung der Wörter in der hebräischen und aramäischen Sprache Klarheit zu verschaffen, legte ich mir nun ein eigenes, die vorhandenen Lexica ergänzendes Wörterbuch an. Da stellte es sich mir heraus, dass diese die Partikeln, sowie überhaupt die Wörter, welche rein logische Begriffe ausdrücken, völlig übergangen hatten. Als ich dann Anfänger im Thalmud zu unterrichten hatte, welche auf Gymnasien gebildet waren, sah ich ein, wie wichtig es sei gerade diese Klasse von Wörtern recht genau zu erklären, wenn ihnen der Thalmud nicht ein versiegeltes Buch bleiben sollte.

Weil ich aber glaube allen denen, die sich mit mir in gleicher Lage befinden, einen Dienst zu erweisen, noch mehr weil ich mir nicht einbilde, bei der Erklärung von Wörtern, wobei mir fast alle Vorarbeiten fehlten[1]) und ich auf den herkömmlichen Schulgebrauch allein angewiesen war, immer das Richtige getroffen zu haben, und weil ich wünsche zu meiner und aller Welt Belehrung die Aufmerksamkeit der Sachverständigen darauf zu lenken, habe ich mich entschlossen diese Klasse von thalmudischen Wörtern zu bearbeiten und als Vorläufer zu einer von mir beabsichtigten Herausgabe eines *Lexicon* zum Thalmud zu veröffentlichen. So entstand diese *thalmudische Terminologie*.

Bei der Ausarbeitung derselben suchte ich jedes Wort auf eine Wurzel innerhalb des semitischen Sprachstammes zurückzuführen, dabei immer vom Hebräischen ausgehend, weil der Ideenkreis der Thalmudlehrer, auch wenn sie syrisch oder persisch sprachen, doch immer in der Sprache der Bibel concentrirte. Weil aber die Bedeutung des Wortes von der biblischen oft gar sehr abweicht, dagegen im syrischen und arabischen Sprachgebrauche sich ganz oder doch annähernd wiederfindet, hielt ich es für gut wenigstens die Hauptbedeutung der Wurzel im Syrischen und Arabischen daneben zu stellen. Dagegen liess ich mich nicht von der blossen Aehnlichkeit einiger Buchstaben verleiten, ein Wort auf einen griechischen oder gar lateinischen Ursprung zurück

---

[1]) Geigers Lehr- und Lesebuch der Mischnah, Breslau bei F. E. C. Leuckart 1845 behandelt nur die Mischnah und die allgemeinen Gesetze ihrer Sprachbildung; zu einem Lexicon gab er Hoffnung, hat diese aber bis jetzt nicht erfüllt. Für die Mischnah gaben mir auch noch Dukes »Sprache der Mischnah« (Esslingen 1846) u. Weiss מִשְׁפַּט לְשׁוֹן הַמִּשְׁנָה (Wien 1867) Winke, die ich sorgfältig benutzte. Für die Gemara habe ich כריתות des Samson von Kenon, u. Hirschfeld: Halachische u. Agadische Exegese (Berlin 1840) zu einigen Andeutungen gebrauchen können.

zu führen, weil ich es wohl für leicht möglich halte, dass Juden Bezeichnungen von Dingen des gemeinen Lebens, von Waffen, Werkzeugen, Hausgeräthen etc. auch wohl von gerichtlichen Acten aus diesen Weltsprachen aufgenommen, schwerlich aber solche für Begriffe, die wie Gesetzesstudium und Gesetzeserfüllung nur ihrem besondern Denken und Thuen eigen waren, daraus entlehnt haben.[1]) Für die Zeit der Gemarabildung nun einmal gewiss nicht. Bei Einigen nur, z. B. אשי, wo der Semitismus uns gänzlich im Stiche lässt, musste gleichwohl darauf zurückgegangen werden.

In der Feststellung der Bedeutung der hebräischen Wörter folgte ich fast durchgehends dem »hebräischen und chaldäischen Handwörterbuch« von Fürst (Leipzig 1857), weil ich mich überzeugte, dass dieser Sprachforscher das hebräische Sprachgut mit einer Gründlichkeit behandelt, die schwerlich noch übertroffen werden kann, und weil in der That die meisten Bedeutungen, welche die Wörter in nichtbiblischen Spracherzeugnissen angenommen haben, in der Hauptbedeutung, die dieser Forscher für die organische Wurzel annimmt, eingeschlossen sind.

Die Reihenfolge der Wörter ist im Ganzen alphabetisch, nur machte die Willkühr des Thalmuds hinsichtlich der plenaren und defectiven Schreibweise zuweilen eine kleine Abweichung beim zweiten Buchstaben des Wortes unvermeidlich. Es wäre leichter gewesen, sich dem Aruch anzuschliessen und eine zweibuchstabige Wurzel anzunehmen; aber dieser Vortheil wäre nur bei den schwachen Stämmen zu Gute gekommen und wäre durch den Nachtheil aufgewogen worden, der für Anfänger, denen doch die dreibuchstabige Wurzel vom Elementarunterrichte her geläufig und zu ihrer Uebung auch nöthig ist, durch die Anhäufung so vieler und verschiedener Bedeutungen auf eine Wurzel entstanden wäre. Die Wiederholungen, welche bei Annahme einer dreibuchstabigen Wurzel, während der thalmudische Sprachgebrauch sich grösstentheils nur an der zweibuchstabigen bindet, nothwendig wurden, können dem Schüler nur nützlich sein. Wiederholungen waren auch unvermeidlich bei Wörtern, die hebräisch und chaldäisch im Thalmud gebraucht werden, wie שנה u. תנה u. m. a.

Ob es mir gelungen ist, eine Vollständigkeit in der Aufnahme aller Schulausdrücke und Wörter mit besonderer Schulbedeutung zu erreichen, wage ich nicht zu behaupten. Man möge bedenken, dass dieser Stoff hier zum ersten Male behandelt wird, dass das Urtheil über viele Wörter erst noch festzustellen ist, endlich dass ich die üblichen Grenzen eines Schulprogramms nicht allzuweit ausdehnen durfte. In einer selbstständigen Ausgabe hoffe ich noch viele Ergänzungen geben zu können, und wenn Gott Leben und Kräfte gewährt, und mein Bestreben vom Wohlwollen des Publikums ermuntert wird, hoffe ich ein, seit lange vorbereitetes »thalmudisches Wörterbuch« der Oeffentlichkeit übergeben zu können. Möge vorläufig dieser kleine Anfang der Wissenschaft zur Förderung, der Religion zur Ehre gereichen unter Gottes Segen.

Der Verfasser.

---

[1]) Man hat bisher viel zu oberflächlich, mit einer gewissen Ostentation thalmudische Wörter gräcisirt und latinisirt. Am weitesten geht hierin Herr Schönhak in seinem Vocabularium des Thalmuds, genannt Hamasbir. Fast scheint es, als hätte er jedes Wort des Aruch in einem griechischen Lexicon aufgesucht und, wo er nur eine Consonantenähnlichkeit gefunden, sofort den griechischen Ursprung selbst für ganz hebräische Wörter angenommen. So leitet er z. B. das echt semitische אגר, dessen org. Wurzel א־גר ist, von $\alpha\gamma\epsilon\iota\rho\omega$, dessen Wurzel $\H{\alpha}\gamma\omega$ ist, ab. קשט ausdehnen, gerade machen soll aus $\pi\iota\sigma\tau\iota\varsigma$ entstanden sein, ja er bildet griech. Wörter, die es gar nicht giebt, so soll קרףק aus $\kappa\rho\alpha\varphi\acute{o}\omega$, wahrscheinlich ein Druckfehler für $\kappa\alpha\rho\varphi\acute{o}\omega$ entstanden sein und Trockenplatz bedeuten, während d. Wort aus יקף, umschliessen mit eingeschobenem ר wie in כרסם, חרטם etc. gebildet ist und Verschluss, eingeschlossener Raum bedeutet.

א

1) Wie א im Hebr. bei Wörtern, welche mit zwei Mitlautern beginnen, von denen der erste vokallos ist, als Vorschlagslaut gebraucht wird, um als Träger eines Selbstlauters, a oder e die Härte der Aussprache zu mildern, z. B. אֶזְרֹעַ für זְרֹעַ, אֶצְעָדָה für צְעָדָה, so geschieht dies auch, und noch viel häufiger im Thalmud. Man hat hierauf besonders bei Wörtern, die fremden Sprachen entlehnt sind, zu achten, um sie wieder zu erkennen, z. B. אֻוְמָל gr. σμίλη, Messer, אִצְטְדִין aus στάδιον, stadium, Rennbahn. אַסְטְמָא=στέμμα Kranz, häufig auch, doch viell. fehlerhaft אִיסְטַפְלָנִית geschrieben; so אִיסְפְּלָנִית = σπλήνιον Pflaster, אַסְקוּפָא neben סְקוּפָא Unterschwelle (vgl. hebr. מַשְׁקוֹף, אַחֲרָאִי u. אַחֲרָיוּת von χρέος Schuld u. v. a. Zuweilen auch bei Wörtern, die mit nur einem, oder mit einem vocalisirten Mitlauter beginnen, אֲלוּנְטְיָא (doch liest Ar. nur לוּנְטְיָא Sabb. 22, 5.) für linteum, *Leintuch*. אֲפַרְסֵק = persicum (malum) *Pfirsiche*. 2) א wird wie das griechische α privativum gebraucht, um die entgegengesetzte Bedeutung des Wortes auszudrücken, jedoch nur bei Wörtern, die selbst aus dem Griechischen stammen. אַסִּימוֹן = ἄσημον ungeprägte Münze. אַשְׁמָא = ἄσχημος ungebildet. (Kid. XXXII, b.)[1]) אַסְתָּן auch אַסְטָנָא u. אִסְטְנִיס geschrieben = ἀσθενής *ohne festen Stand, schwach, kränklich*. 3) א wird für עַל gebraucht, אַבָּא *an der Thür*, אַרֵישָׁא, אַרֵיפָא *auf den ersten, den letzten Theil*, viell. auch in der Bed. in אֶשְׁתָּקַד, welches Wort aus שַׁתָּא קַדְמֵיתָא *das vorige Jahr* mit vorgesetztem א *im* gebildet ist, wenn nicht א wegen des doppelten Mitlauters vorgesetzt ist. Auch im Sinne *entfernt von* wird א gebraucht. So Sabb. CLIV, b. אַגּוּלְקִי *fern vom Sack*, zum Unterschied von חֶבֶר גּוֹלְקִי Befestigung am Sack. (Ueber das Wort selbst s. mein W. B.) In der Bed. *während*

mit folgendem ך für דְּ. Git. LVI a. אַרְאֲוִיל אַדְּנְגְרָמֵיהוּ während er hingieng und *anstatt* גְרָמֵיהוּ anstatt dass ihr Knochen aufleset. B. b. XXII. a.

Es versteht sich, dass alle Einschiebungen, Auslassungen und Verwechselungen des א, welche in den semitischen Sprachen üblich sind, auch im Thalmud vorkommen.

אָב hebr. c. אֲבִי (in Zusammensetzungen auch אַב wie אַבְנֵר) mit suff. אָבִי, אָבִיךָ, אָבִיו, pl. אָבוֹת c. אֲבוֹת aram. c. אַב def. אַבָּא mit suff. אֲבוּךְ, אֲבוּהִי u. אֲבוֹי, אֲבוּנָא, אֲבוּכוֹן syrisch ܐܒܐ 'pl. ܐܒܗܐ und آباء, arabisch أب für أبٌ pl. reg. آباءٌ In d. Gem. kommen Formen aus allen vier Sprachen vor. m. *Vater*, leibl. Erzeuger u. geistiger Schöpfer = Gott. Dann *Versorger, Herrscher, Lehrer, Inhaber, Besitzer*. *Haupt* der Familie oder des Stammes, *Urheber, Erfinder*. Ausser diesen biblischen Bedd. sind dem Th. noch eigenthüml. a) *Vorsitzender* אַב בֵּית דִּין pl. אָבוֹת בָּתֵּי דִינִין »Obergerichts-Präsidenten.« Chag. 2. 2 b) Entsprechend dem deutschen Worte *Haupt*, als erstes Wort der Zusammensetzung אַב מְלָאכָה pl. אֲבוֹת מְלָאכוֹת *Hauptarbeiten*, i. Ggs. zu תּוֹלָדָה ihr untergeordnete, abgeleitete Arbeit. Nach der Tradition werden alle möglichen Arbeiten in 39 Klassen אֲבוֹת מְלָאכוֹת gebracht u. alle übrigen diesen untergeordnet. Sabb. 7, 2. c) *Ursprung* mit der Voraussetzung einer Forterzeugung, אַב הַטּוּמְאָה pl. אֲבוֹת הַטּוּמְאוֹת, Unreinheitserzeuger. Kel. 1, 1—5. Als höchster Unreinheitserzeuger wird hier die Leiche bezeichnet, welche daher auch von den Auslegern אֲבִי אֲבוֹת הַטּוּמְאָה *Generalunreinheit* genannt wird. Diese Bed. hat das Wort B. K. 1, 1. אַרְבָּעָה אֲבוֹת נְזִיקִין »vier Ursachen von Schäden giebt es,« d. h. sind in der Thorah genannt, während es

---

[1]) Weder Raschi noch die W. BB. haben dieses Wort richtig erklärt.

אַב

noch andere giebt. Siehe die Gemara zur Stelle.

אַב wird als Ehrentitel gebraucht, so werden Aduj. 1, 4. Hillel u. Schamai אֲבוֹת הָעוֹלָם bezeichnet, so nennt auch R. Nachman seinen Collegen Raba S. d. R. Huna. אַבָּא, Bez XXIX b. אַבָּא wird wie bei den Arabern بَا٫ أَبُ vielen Eigennamen vorgesetzt, wie אַבָּא שָׁאוּל, אַבָּא יוֹסֵי, אַבָּא אֲרִיכָא. er ist selbst ein Eigenname und lautet dann mit רַב zusammengezogen רָבָא u. רַבָּה. Diese beiden Amoraim werden herkömmlich dadurch unterschieden, dass der erstere רָבָא gelesen wird. Es kommen dadurch viele Verwechselungen vor, und sind in den Ausgg. bereits viele Correcturen vorgenommen. אַבָּא אֲרִיכָא, Schüler des R. Jehudah Hanasi und Gründer der babylonischen Schulen, wird kurzweg רַב genannt.

אֲבָל adv. eigtl. Befestigung, Bestätigung, Vergewisserung; wird in der Bibel nur in folgenden 2 Fällen gebraucht: 1) um die Aufmerksamkeit auf Etwas zu erregen, was man noch nicht wusste, so leitet es einen ganz neuen Gedanken ein, Gen. 17, 19. 42, 21. *sicherlich, fürwahr, in Wahrheit*; 2) in der Mitte zwischen 2 Sätzen, von denen der erstere zurückgewiesen oder beschränkt, der andere dagegen behauptet oder bestätigt wird, wie das ar. بَلْ, بَجَلْ *aber, doch, jedoch.* Dan. 10, 7, 21. 2. Chr. I. 4. 19, 3.
Ausser dieser Anwendung und Bedeutung wird es im Thalmud auch wie unser deutsches *ja, allerdings*, als Antwort auf eine Frage, gebraucht. Erubin XXX, b. ob.

אֲגָדָה Sanh. LX. b, daneben auch die hebr. Form הַגָּדָה, Chag. XIV, a; pl. הִי eigtl. Sage, Erzählung. Es wird mit diesem Worte im Gegensatz zur הֲלָכָה alles dasjenige bezeichnet, was nicht zum gesetzlichen Theile der Bibel und des Thalmuds gehört, also alles Geschichtliche, Sagenhafte und Erdichtete, sowie jede freie Auslegung und selbstständige Erklärung einer Bibelstelle.

אָדָם Mensch, wird im Thalmud stets gebraucht, (in der Bibel nur selten wie Lev. 1, 2, Iii. 32, 21.) wie in der Bibel אִישׁ

אוֹרָא

in der Bed. *irgend Einer, Jemand,* u. für das biblische אִישׁ וְאִישׁ steht אָדָם וַחֲבֵרוֹ.

אַדְרַבָּה häufig gebrauchte Redensart, entstanden aus עַל דְּרִי רַבָּה (S. u. א), *auf das, was mehr, grösser ist;* wird gebraucht, um zu sagen, dass zwei Ansichten über einen Gegenstand bis zum völligen Gegensatz, oder doch sehr weit auseinandergehen. Im erstern Falle steht zuweilen noch אַפְּכָא u. אַפְּכָא מִסְתַּבְּרָא dabei, das Gegentheil leuchtet ein. (S. רַבָּה u. רְבוּתָא) Git. XXIII, b. Man hat das Wort so aufzufassen, als sei davor weggelassen: Pass auf, was ich sage, wie weit wir auseinandergehen!

אוֹר hebr. *Licht*, thalm. dass. u. *Flamme* Bez. XXXIV a. אֶחָד מֵבִיא אֶת הָאוֹר Sabb. 1, 11. מְאַחֲרִין אֶת הָאוֹר. 2) *Abend*, welcher dem Tage vorhergeht, wo aber viell. richtiger אוּר (vgl. אוּרְתָּא) zu lesen ist. Pes. 1, 1. 3. Kerit. 1, 6. Die Gem. Pes. III, a erklärt diese Bed. für Euphemism. Sachs Beitr. I, 82. vergleicht περὶ λύχνων ἅφας, sub lumina prima, post primam facem, also die Zeit des Lichtanzündens.

אוּרְתָּא Femininalform v. אוּר wie dgl. im Th. häuf. ohne bsdr. Bed. gebildet werden (vgl. שְׁמָשָׁא u. שִׁמְשְׁתָּא, בֵּיעָא u. בֵּיעֲתָא) *Abend* Pes. II. a. u. ö.

אוֹרַיְתָא f. aram. für hebr. תּוֹרָה, syr. ܐܘܪܝܬܐ *Lehre, Gesetz*, spez. als Titel für den Pentateuch. Als Schulwort דְּאוֹרַיְתָא, *was vom schriftl. Gesetz geboten ist*, מִדְאוֹרַיְתָא u. בְּאוֹרַיְתָא z. Untersch. v. מִדְּרַבָּנָן. Bei vielen gesetzlichen Vorschriften ist dieser Untersch. im Th. ausdrückl. angegeben, bei vielen ist er streitig.

אֲזַל chld. nur in der Redensart מִלְּתָא מְנִי אָ Dan. 2, 5. 8. und im Thalm. אָזְדָא לְטַעְמֵיהּ. Man hat bisher ein Z. W. אָזַל=אָגַל, *gehen*, angenommen u. übers. »Das Wort ist von mir ergangen,« »Jemd geht nach, oder folgt seinem Grundsatze.« Eine Bestätigung findet diese Annahme in der Stelle Beza X, b. הֲרֵי אָזְדוּ לְעַלְמָא, welche sich noch mehrmals wie Sot. IX, a. wiederfindet: »jene sind fortgegangen.« Dagegen bemerkt Fürst im W. B. mit Recht, dass אָזַל immer nur in der Bedeutung: weggehen

אזו 3 **אטו**

sich entfernen von lebenden Wesen, von מִלְתָא dagegen נְפַק (Dan. 2, 13.) wie hebr. v. דָּבָר stets יָצָא gebraucht wird, dass ferner das part. f. in Dan. nicht passt und in der thalm. Formel unmöglich ist, dass auch die Versionen es durch קָיְמָא שְׁרִיר u. תּוּקְפָּא wieder geben, es scheint daher richtiger אַזְדָא als adverbial. subst. von einer W. אֲזַד welche wie das arab. رَسَلَ, رَطَّ, رَصَدَ fest sein, fest machen. als Unterlage dienen bedeutet, abgeleitet werden zu müssen, u. die thalm. Formel א' פ' לט' heisst: N. N. bleibt seiner Ansicht treu, wovon in der Schulsprache ein pl. gebildet wurde, wie Sabb. C. XXV b. וְאָזְרוּ לְטַעֲמַיְיהוּ. Die Stelle Bez. X, b wäre viell. zu corrigiren in הֲגָךְ אָזְלוּ לע', trotzdem sie mehrmals wiederkehrt. אָזוּ und אַזִּי, fast immer אִיזִי u. אִיזִי, weil gewöhnlich im Thalm. das Dagesch nach ־ durch י ausgedrückt wird; z. B. וַיְרַדּוּ statt וַיְרַדּוּ. מְגִילָה statt מְגִלָּה, ist von derselben W. wie das hebr. אוֹ u. אַי Ps. 124, 3. die mit א prost. aus יַ u. יָה gebildet (vgl. אֲשֶׁר), gerade wie im ar. أَنَّ aus إِذَنْ entstanden ist und bei Zusammensetzungen wie مِنْ فُتَنْ zum blossen نْ verkürzt wird, es kommt nur in der Formel: אֵימָא לִי אֵיזוּ so B. m. LXX. a oder א' ל' אִיזוּ B. b. XXXII, b., Sabb. CXXXVIII b. vor, u. heisst: sage mir einmal, sage mir noch einmal. An diesem Worte ist ein Uebermass von Gelehrsamkeit verschwendet worden, während das Richtige so nahe lag. Im כְּרֶם חֶמֶד Bnd. IX. S. 146 wird es auf Asen zurückgeführt und »mein Herr« erklärt. Im יד מלאכי wird aus εὖ ein neues griechisches Wort, εὖς, welches Freund heissen soll, gebildet, und davon unser Wort hergeleitet. Rapoport im ערך מלין glaubt das zu berichtigen, indem er es auf ἴσος zurückführt, welches Wort aus dem phöniz. אֶחָד erst zu den Griech. gekommen sein soll, was Löwy in seinem kritisch thalmudischen Lexicon wieder in εὖς verbessert

und mit dem franz. aise vergleicht, während Schönhak im Hamasbir s. v. wieder die Bed. Freund herstellt. Man darf nur daran denken, wie wir in vertraulicher Rede das Wort »einmal, mal« einzuschalten pflegen, und man wird nicht zweifeln, dass אֵימָא לִי אֵיזוּ »sage mir einmal,« heisst. אַחֲרַאי adj. u. dav. אַחֲרָיוּת sbst. ist das griech. χρέος mit dem Vorschlagslaut א (s. d.) verpflichtet, verantwortlich, verhaftet. Ueber den Ursprung des Wortes kann kein Zweifel sein, da wir es zuerst in dem Sprichworte des fein gebildeten R. Jose Demai 3, 4 אֵין אָנוּ אַחֲרָאִין לְרַמָּאִין finden, »wir sind nicht verantwortlich für Betrüger.« In der Gemara wurde alsdann das sbst. אַחֲרָיוּת Haft, Schuldhaft, Kid. 1, 6. u. XXVI a u. ö. davon gebildet. (Der Versuch, d. W. auf d. hebr. אַחֵר zurückzuführen. wird v. Ar. u. Maim. Kid. 1, 5 gemacht u., obgleich Neuere, Lewy i. W. B. u., wie es scheint, auch Rpp. sich anschliessen, muss als verfehlt angesehen werden.[1])

אַטוּ od. אֲטוּ 1) Fragepartikel zur Einleitung einer Frage, אֲטוּ בֵּיעָה בְּמִנְיָן מִי בַּהּ »War etwa das Ei unter der Abstimmung?« Beza V. b. אֲטוּ אֶחָד מֵאַרְבָּעָה קָתָנֵי »Heisst es etwa eins von vier?« B. k. XLVI, b.

2) Causalpartikel, wegen, stets nach גְּזוֹר in der Bed. fürchten, besorgen, aus Besorgniss vorbeugen, verbieten גָּזְרִינַן הָא אַטּוּ הָא wir verbieten das, damit es nicht zu jenem komme. Beza XXXII, a. גְּזֵירַת קְרָצוֹף אַטּוּ קָרוּד ohne גְּזוֹר wegen, in Folge, שׁוֹרֶךְ אַטּוּ צֹאנְךָ Bech. IX, b.

Die Ableitung vom syr. أَصْلاً würde kaum für die letzter Bedeut. passen, u. die Bildungsweise wäre zu ungewöhnlich. Das gr. ὅτι würde zwar für beide Bed. passen; allein es ist schwer anzunehmen, dass ein nur der Satzbildung angehöriges Wort, das zudem nur der Gemara, nicht der Mischnah angehört, aus dem Griechischen entlehnt sein sollte, daher ist das Wort auf das ar.

---

[1]) Wenn auch in אַחֲרוֹן (Job 19, 25. S. Ew. Comm. z. St.) u. אַחֲרִית der Begriff der Vertretung liegt, so ist dieser doch nicht gleich dem der Schuld, welchen der Th. stets damit verbindet.

زلّى zurückzuführen, welches in conj. III u. IV übereinstimmen, zusammentreffen, sich treffen, folgen heisst, so dass אשו als Fragepartikel heissen würde: »trifft es sich?« und als Causalpartikel: in Folge, in Rücksicht auf = wegen.

אִי so lautete vermuthlich im Semitischen die Verneinungspartikel, wie sie noch in אֵין, אַיִן zu erkennen, und im Fragewort אַיֵה zum Zweifel herabgemildert ist. In der Bibel hat sie sich als Verneinung nur noch erhalten in den zusammengesetzten Redensarten אִי־נָקִי Hi. 22, 30. unrein d. h. schuldig und אִי־כָבוֹד 1. S. 4,21. als Eigenname Unehre. Im Thalmud kommt sie als vollständige Verneinung nur vor in der Formel אִי אֶפְשָׁר unmöglich, אִי אֶפְשִׁי ich will nicht, welches aber wohl zusammengezogen ist aus אֵין נַפְשִׁי nach Gen. 23, 8. יֵשׁ אֶת נַפְשְׁכֶם. In der Formel אִי אַתָּה mit darauf folgend. Part. ist sie bald verneinend, bes. wenn אֶלָּא darauf folgt, wie אִי אַתָּה דָן אֶלָּא, bald fragend wie אִי אַתָּה מוֹדֶה »gibst du nicht zu?«

אִי in d. Gem. für hebr. אִם wenn, ist wie dieses conj. condit. u. wird ebenso gebraucht, bes. häufig sind Redensarten אִי בָּעִית wenn du willst, אִי קָא סָלְקָא דַעְתָּךְ wenn du annimmst, אִי אָמְרִית wenn du sagst, niemals aber vor Substantiven. אִי־אִי entweder—oder, sive—sive וְאִי־אִי.

אִי für אִית Jemand, Etwas in אִיכָּא auch zuweilen כָּא geschrieben, eigentlich כָּא אִית er oder es ist da, ebenso לֵיכָּא u. לָכָּא für לֵית כָּא Keiner, Nichts ist da. Auch die verstärkte Form אִיהוּ für הוּא er scheint aus אִית הוּא entstanden.

אִי für אֶת als Bildungssylbe des Pass. אִיבְּעֵי für אֶתְבְּעֵי auch es wurde gefragt, אִידְחִי für אֶדְחִי u. d. für אֶתְדְּחִי es wurde abgewiesen u. v. a.

אִידָא für דָא u. אִית dieser, diese, dieses da pl. אִידֵי וְאִידֵי. אִלוּ=אִדִי Seb. LXIX a.

אִידֵי conj. weil mit folgendem ד. Das für עַל gebrauchte א hat eine Dehnung erhalten, wie הָא in לָא הַיְיא in לַיָּיא (s. d.)

WW.) dadurch, dass, wird hauptsächlich gebraucht um zu sagen, dass eine Stelle dem Sinne nach nicht zu stehen brauche, und nur des Satzbaues wegen, zur Herstellung eines gewissen Parallelismus aufgestellt worden sei. So in Bez. auf d. Bibel B. K. LXXXVIII a אייְדֵי דכתב לא יומתו אבות על בנים in Bez. auf die Mi. häuf. א׳ דתני רישא תָּנֵי סיפא.

אַיֵּיר. Dem Thalmud eigenthümlich ist die Bildung eines Paels mit doppeltem ר, von denen das eine nur zur Bezeichnung des Dagesch dient, vorzugsweise von V. עַר z. B. בַּיֵּישׁ v. בּוּשׁ, בַּיֵּיר v. בּוֹר, חַיֵּישׁ v. חוּשׁ, כַּיֵּיל v. כּוּל, פַּיֵּים v. פּוּם, אַיֵּים v. אָיֵם (wov. hebr. nur das adj. אָיֹם, אֲיֻמָּה u. d. Sbst. אֵימָה), שַׁיֵּיר v. שָׁאַר. Alle diese Bildungen gehören noch der Mischnahperiode an und reichen in die Abschlusszeit des biblischen Hebraismus hinein, wie חַיָּב Dan. 1, 10 u. קָיֵם Est. 9, 29. (letzer. auch in Rt. Ps. 119 u. Ez.) Andere dagegen sind nur der Gemara eigen und gehören vorzugsweise der Schulsprache an wie נַיֵּיר, עַיֵּין, בָּרֵיךְ. Ebenso bildete man Aph. mit doppelt. י wie אַיְיתֵי v. אתא, wo d. א rad. in י verwandelt, dahin gehört auch דַּיֵּים v. דוֹם od. דָּמָה. אַיֵּירֵי u. אַיְירִינָן können ebensogut Aph. v. ירה zeigen, lehren, wie Pa. v. ארא (s. d.) berühren, heranziehen sein. Es liegt die Vermuthung nahe, dass man beide Bedd. in einem W. vereinigen wollte. Es heisst daher das so häufig vorkommende אַיֵּירֵי: er wollte recht deutlich zeigen, oder belehren. Neben אַיֵּירֵי erscheint nun fast eben so häufig מַיְירֵי in derselben Bedeutung, welches man bisher von אָמַר abgeleitet und mit sagen übersetzt hat. Da unzählige mal in d. Gem. קָאָמַר gebraucht wird, so ist nicht anzunehmen, dass man v. demselben Worte מַיְירֵי gebildet habe, es scheint vielmehr das Part. v. אַיֵּירֵי und aus מְאַיְירֵי zusammengezogen zu sein. Der Sohar, der es liebt gerade die seltensten thalmud. Formen anzuwenden, bedient sich daher fast bei jeder Bibelstelle, die er erklärt, der stehenden Phrase מַאי קָא מַיְירֵי im Sinne: Was soll das heissen? Zu vergleichen ist εἴρω (Löwy, Schönh.) sowie sero, sermo.

אִיכָא u. אָכָא s. u. אִי.

אִיכוּ od. אִיכֹו wenn so, od. wenn ihr, nur in der Phrase אִיכוּ הַשְׁתָּא wenn es euch nachgegangen wäre, wenn ich euch gefolgt wäre. Bez. IV. 6 ob. אִיכוּ הַשְׁתָּא אִישְׁתְּלַאי wäre ich euch gefolgt, hätte ich ein Versehen begangen, od. beinahe.

אִית emph. אִיתָא im bibl. Aram. אִיתַי mit suff. אִיתָךְ, אִיתֵיכֹון אִיתֹוהִי ist ganz das hebr. יֵשׁ eigentlich das Sein, nimmt aber die verbale Bedeutung völlig an und heisst: es ist, es ist da — vorhanden. Im Thalm. bes. häufig אִיתָא נָאִם und wenn es wäre? d. h. wenn das Gesagte sich so verhielte. אִית לֵיה Jemand hat Vermögen, אִית לֵיהּ דְּרֵי Er ist dessen Ansicht. אִיכָּא קָמָן es liegt uns vor Augen Mit Verneinung lautet es לֵית, לֵיתָא syr. ܠܝܬ. ar. لَيْسَ. Im Thalm. verkürzt in אִיהוּ. אִיכָא u. לֵיכָא s. d. W.

אִיקְפַּת u. אִיקְפַת Dieser Schulausdruck ist wohl auf das bibl. אָכַף Spr. 17, 26., wovon das Sbst. אֶכֶף Hi. 33, 7. zurückzuführen, und bedeutet also zwingt, nöthigt dich, aber es ist das nur von einer innern Nöthigung zu verstehen, und die Frage מַאי אִיכְפָת לָךְ od. לָן heisst überall: was liegt dir, uns daran?

אִילוּ u. אִלּוּ aus אִם u. לוּ entstanden, wenn doch, wenn auch.

אִילֵּךְ herkömml. אֵילֵךְ geles. aram. אַךְ pers. dem. pl. diese, hi Dan. 3, 12. flg. Esr. 4, 21. thalm. weiter, ferner meist nach מֵאָו Ber. 1, 2. vgl. הֵילֵךְ.

אִילוּלֵי aus אִם und לוּ und לֹא zusammengesetzt, wenn doch nicht, wenn nur nicht, zuweilen auch: wenn nicht-

אִילְמָלֵא u. אִלְמָלֵא u. אֶלְמָלֵי. Diese gedehnte Form wird gebraucht, wenn das Unterbleiben des Falles gegen alle Erwartung oder ein Unglück wäre: wenn — was aber gar nicht denkbar — nicht, wenn — Gott bewahre — nicht. Zur Erklärung dieser Zusammensetzung darf man nicht, wozu man sich versucht fühlen könnte, auf die ar. Verneinungspartikel لَا zurückgehen, da man sonst nach dem conditionalen אִי nur zwei Verneinungen erhalten würde; richtiger ist wohl, dass zwischen אִי u. לֹא das Fragewort לָמָא warum eingeschoben ist, so dass dem Sprechenden nach dem Gedanken »wenn nicht« sofort der Gedanke kommt: aber warum denn nicht? Was hier als möglich gesetzt wird, kann es denn anders, denn als wirklich gedacht werden?[1]) An einigen Stellen wie Ket. XXXIII b. אֶלְמָלֵא נְגְרוּהַּ u. Meg. XXIV לָוִי אֶלְמָלֵא ist es nur gleich אִם. Wenn Tos. z. ersten Stelle sagt im Nam. R. Tam, an diesen beid. Stellen sei z. Untersch. י statt א ans Ende zu setzen, so ist damit aber das W. nicht erklärt, da häuf. י für א steht. Man kann es nur für einen Fehler halten, der möglicherweise schon aus dem Munde der ersten Sprecher herrührt. Ueberhaupt hat man später es mit der ursprünglichen Bed. nicht mehr so genau genommen und es für ein stärkeres אִם gebraucht, so Er. XXII a, אילמלא דלתותיה נעולות בלילה.

אִין ja, allerdings, ist als aram. Form des hebr. הֵן, wie es in הַגֵּה, הַנְנִי gebraucht wird, zu erklären, so dass es eigentlich heisst: es ist da, es ist so. Es hätte daher אָן geschrieben werden sollen, wie es denn in אֲנִי (s. d.) wirklich so vorkommt. Zur Verstärkung des Bejahten wird dieses doppelt hinzugefügt אִין יָפָה וְיָפָה B. m. XV, a.

---

[1]) Weiss im משפט לשון המשנה erklärt das Wort als zusammengesetzt aus אֱלוּ־אַב־לֹא ; das würde heissen: wenn doch — wenn — nicht, und somit den Wunsch ausdrücken, dass die in Rede stehende Sache lieber nicht sein sollte. An allen Stellen aber, wo ich das Wort gebraucht finde, ist der angenommene Fall als ein wirklicher gar nicht denkbar, oder ein grosses Unglück. So Ned. 3, 4. אילמלא היא לא ברא הקב׳׳ה את עולמו Ab. 3, 2. אלמלא מוראה איש את רעהו חיים בלעו Kid. 3, 4. Am stärksten beweist für meine Erklärung B. b. XXI. a אלמלא הוא נשתכח תורה מישראל vgl. noch Nid. LII, b, Er. XXII a מקרא כתוב א׳ Rosch hasch. XVII, b. Sabb. C XXXVIII b. א׳ דם ברית Joma XX b. א׳. Durch obige Erklärung entfallen die Schwierigkeiten aller, in der Anm. das. S. 20 beigebrachten Stellen.

אִינְהִי auch אֲנְהִי u. אֲגִי als Fragewort aus אִין u. הִיא entstanden: *ist es so? wirklich?* stets als Einleitung eines Einwurfs gegen eine Behauptung.

אִי נַמִי auch in einem Worte geschrieben אֲנַמִי *oder auch.*

אֶלָּא zunächst aus אִי לָא, und dieses aus אִם לָא entstanden, ar. اِلَّا eigtl. *wenn nicht* (wie nisi), nach einer Verneinung: אֵין...אֶלָּא *Nichts...als, nicht anders...* als, nach לָא sondern לֹא־אֶלָּא *nicht das sondern das.* Dann aber wird אֶלָּא auch ohne vorhergehende Negation gebraucht, wenn nämlich eine Ansicht oder eine Erklärung als nicht richtig nachgewiesen und aufgegeben wird, dann wird die neue, richtigere Ansicht oder Erklärung durch אֶלָּא eingeführt. Es lässt sich wiedergeben durch: *anders also.* Beispiele sind fast auf jeder Seite des Thalm. zu finden. Dann zur Einleitung einer Frage auf das Vorhergehende, so dass es den Sinn hat: »aber wenn das Vorhergehende nicht sein kann, was dann?« Beza XXXIX a אֶלָּא הָא דְרָתְנַן שִׁלְהָבֶת.

אִלּוּ thalm. Form für das bibl. אִלָּה und ebenso gebraucht, während im Targ. dafür אִלֵּן syr. ܐܷܠܶܝܢ steht.

אַלְמָא eigtl. Fragepartikel aus אִית u. מָא (s. d.) *Ists nicht so?* Dann ohne die Frage weiter zu beachten: *es ist so, folglich, daher.*

לְאַלְתַּר s. אַלְתַּר.

אֵם f. hebr. *Mutter, Fürstin, Besitzerin,* die Erde, eine bedeutende Stadt, אֵם הַדֶּרֶךְ Spitze des Weges, thalm. *Muttermund,* matria, Chul. 3, 2. übertr. *Frucht, die als Samen benutzt wird*; Pea 3, 4. אִמָּהוֹת שֶׁל בְּצָלִים Samenzwiebel. Das *Wichtigste,* die *Hauptsache.* Suc. VI,b u. ö. יֵשׁ אֵם לַמִּקְרָא »Der Schriftbuchstabe ist (für d. Bed.) das Entscheidende.« יֵשׁ אֵם לַמָּסוֹרֶת »Die überlieferte Leseweise ist die Hauptsache.« Daneb. auch d. Form אוֹם Neg. 4, 8. 9. הֲלָכָה לָהּ הָאוֹם.

אָמָא eigtl. sagen, aber mehr in dem Sinne *annehmen, setzen, meinen,* nur in den Formen אֵימָא imp. *sage,* in der Phrase אֵימַר־אֲנָא=אֲמֵינָא und אִי בָּעֵית אֵימָא Phrasen u. הֲנָה אֲמֵינָא סַלְקָא דַעְתָּךְ אֲמֵינָא *ich hätte gesagt, du glaubst, ich sage.* אַמַּאי s. v. a. עַל מַאי *warum* s. u. מַאי.

אֲמוֹרָא ursprgl. vielleicht אָמוֹר (nach שָׁחוֹר, יָכוֹל, קָרוֹב) u. weil d. א def. stets beibehalten wird mit ־ gelesen. *Der Sprecher* in dem, dem Thalm. eigenthümlichen Sinne v. אמר fast wie das ar. عَرَفَ. Es bezeichnet den Mann, der in den Lehrversammlungen neben dem Schulvorsteher oder Hauptlehrer stand, um dessen Worte entweder laut zu wiederholen oder zu erklären. Midr. Schem. rab. P. 8 Ende: הַדּוֹרֵשׁ יוֹשֵׁב וְדוֹרֵשׁ וְהָאֲמוֹרָא אוֹמֵר לְפָנָיו. Diese Art vorzutragen finden wir im Th. als allgemein üblich, Beza IV, a, u. als unentbehrlich besprochen Joma XX, b. u. a. St., ohne dass das Verhältniss der beiden am Vortrage betheiligten Personen so recht klar hervortritt. Nach dem häufig wiederkehrenden Satze הוּא תָּנֵי לָהּ וְהוּא אָמַר לָהּ Chol. CIV, b ist zu schliessen, dass der Hauptlehrer die als alte Halachah oder Mischnah überlieferten Sätze, der neben ihm stehende Amora aber die als Resultat der Forschung gewonnenen und zum Beschluss erhobenen Zusätze vortrug. Diese Einrichtung wurde wohl deshalb getroffen, damit das alte Ueberlieferte und das neue Angenommene stets von einander getrennt bleibe, was, da nicht geschrieben werden durfte, sehr nöthig war. Dass es zu einem Missverständniss zwischen beiden kommen konnte, ersehen wir aus Chol. LXXXIV, b. An berühmten Hochschulen erscheinen daher Amoraim als Würdenträger neben andern. So werden Sanh. XVII, b דַּיָּנִים neben אֲמוֹרָאֵי וּפוּמְבָּדִיתָא u. חָרִיפִים u. סָבִים genannt.

Alle Lehrer, welche nach Abschluss der Mischnah lebten, werden אֲמוֹרָאִים genannt zum Unterschiede von den frühern, welche תַּנָּאִים heissen. So werden sie unterschieden Ber. XLIX a von R. Dseira u. R. Chasda שָׁבְקַת כָּל הָנֵי תַּנָּאֵי וַאֲמוֹרָאֵי וְעָבְדַּתְּ כְּרַב. Chol. XLIII, a. אֲמוֹרָאֵי נִינְהוּ וְאַלִּיבָּא דְּר' יוֹחָנָן. Zu אמר ist wegen des häufigen Gebrauchs in der Schule entstanden die Nebenform אָמָא.

אָמַר wird zwar ganz wie das bibl. אָמַר gebraucht, doch hat es im Thalm. noch die besondere Bed. *einen halachischen, meist überlieferten Satz vortragen, in der Absicht, dass man sich danach zu richten habe,* es nähert sich damit dem ar. ‏روى‎ mandavit. Es ist angenommen, und auch mit wenigen Ausnahmen der Fall, dass, wenn es vor dem Subj. steht אָמַר ר' פ, eine selbstständige Mittheilung darunter zu verstehen ist, wenn es aber nach dem Subj. steht ר' פ' אָמַר, eine Mittheilung eines Andern bestritten wird. Bei אָמְרוּ in der M. hat man stets an die ältesten Lehrer, die Sophrim zu denken, deren Ausspruch unbestritten ist. Dav. אָמוֹרָא u. מֵאַמְרָא od. מַאֲמָר, מֵימְרָא.

בֶּאֱמֶת s. אֱמֶת.

אָנַן hebr. in d. Bib. nur Hithp. Kl. 3, 39. Nu. 11, 1. *klagen, jammern,* trauern; ar. ‏أنّ‎ u. ‏أنّ‎ *seufzen, stöhnen.* Im Th. wird es als ein inneres Trauern über Verstorbene erklärt, Sanh. XLVII, b אֵין אֲנִינוּת אֶלָּא בַּלֵּב und auf die Zeit vor dem Begräbniss beschränkt. Seb. C, b. Daher heisst der Leidtragende vor dem Begräbniss אוֹנֵן Pes. 8, 6. 8., nach der Beerdigung אָבֵל. Dav. אֲנִינוּת Zeit und Zustand dieser Trauer. Seb. C. b. ff.

אָנַס hebr. i. d. Bib. nur sbst. Est. 1, 8. אֲנַס *Zwang,* aram. nur part. אָנֵס Dan. 4, b *schwer, mühevoll.* syr. ‏ܐܢܣ‎ Pa. u. Ethpe. *zwingen,* Gewalt anthuen. Im Th. dass. *nothzüchtigen* im Ggs. z. פִּתָּה *verführen* dah. אוֹנֵס u. אֲנוּסָה Jeb. 11, 1. אָנוּס *Jeder,* der sich in einer Nothlage befindet. Ned. XXVII a אָנוּס פָּטְרֵיהּ רַחֲמָנָא Ni. נֶאֱנַס Ket. 1, 10. נֶאֶנְסָתִי Dav. אֹנֶס *Gewaltsmann.* אוֹנֵס u. אֲנוּסָה *Vergewaltigung.* Git. XXXIV a אִי מִשּׁוּם אֲנוּסָא אֵין אוֹנֵס בְּגִיטִּין.

אָסַר hebr. 1, zus. binden, fesseln, binden; 2. anbinden, anspannen, gürten; 3. sich binden durch sein Wort, doch nur durch ein Gelübde der Enthaltsamkeit. Auch das aram. אֲסַר syr. ‏ܐܣܪ‎ ar. ‏أسر‎ hat nur diese Bedeut., nur dass ‏أسر‎ im N. T. auch obligatio heisst. Im Th. hat das W. d. Bed. erhalten: *verbieten* sowohl von Seiten Gottes, wie von Seiten der Religionsbehörde. Jeb. 8, 3. Nasir XXXVII b. אָסְרָה הַתּוֹרָה wie auch in der Trauungsbenediction אֲשֶׁר אָסַר לָנוּ אֶת הָאֲרוּסוֹת, der uns verboten hat, Ni. נֶאֱסַר *es ist verboten* Chol. XVI, b. נֶאֱמַר לָהֶם בָּשָׂר תַּאֲוָה. Als Schulformen sind bes. zu merken אָסוּר u. אִיסּוּר.

אָסוּר auch אָסִיר part. pass. K. v. אָסַר *verboten,* d. h. durch Religionsgesetz dem vom Natur freien Gebrauche entzogen; wird angewendet a) auf Speisen und Getränke, b) auf eheliche und geschlechtliche Verbindungen, c) auf Verrichtungen ein für allemal, z. B. das Mischen verschiedener Gattungen von Thieren, Pflanzen u. Stoffen, oder zu gewissen Zeiten, z. B. an Sabbath und Festtagen. Bei allen wird unterschieden, ob verboten מִדְּאוֹרַיְתָא durch biblisches oder מִדְּרַבָּנָן durch rabbinisches Verbot.

אִיסּוּר u. אָסוּר sbst. pl. — ים a) *Das Verbotene,* Nasir XXXVII b אִיסּוּרִים שֶׁבַּתּוֹרָה Seb. LXXVIII a אִיסּוּרִים מְבַטְלִים. b) *Die Art und Weise des Verbotenseins.* Es wird unterschieden אִיסּוּר חָמוּר strengerer, wenn Todes- oder Karethstrafe darauf steht, u. אִיסּוּר קַל leichterer Grad des Verbotenseins Chol. CI, a. אֲכִילָה 'א, wenn das Verbot nur auf Speisegenuss, u. הֲנָאָה 'א, wenn es sich auf jede Verwendung erstreckt. אָסוּר heisst auch Gesetz über Erlaubtes u. Verbotenes i. Ggs. zu מָמוֹנָא Gesetz über Mein u. Dein. B. m. XX, b. Ber. XIX, b. אִיסּוּרָא 'א כּוֹלֵל. מִפּוּמַיְהוּ לָא כַלְפֵינָן ein Verbot, das aus mehreren, der Zeit nach aufeinander folgenden Gründen entsteht. בַּת אַחַת 'א ein solches, das aus mehreren gleichzeitig eintretenden Gründen entsteht, מוֹסִיף 'א ein solches, das zuerst nur auf einige, dann noch auf mehrere Personen sich erstreckt. Kerit. XIV u. ff.

אַף conj. bibl. *auch* mit verschiedenen, dieser Hauptbed. sich anschliessenden Nebenbedd. אַף כִּי *wirklich,* im Nachs. *wieviel mehr* od. *wieviel weniger.* Dem Th. eigenthüml. sind אַךְ *aber*, Beza XXIX a. אַךְ אָנוּ‎ אֵין רְצוֹנֵנוּ כְּךָ und die Zusammensetzungen אַךְ עַל גַּב und אַךְ עַל פִּי, das erstere häufiger, letztere. seltener eigtl. *auch gemäss dem Munde* d. h. *Gesagten*, *auch auf diesem Rücken* d. h. *Stütze* stets mit folgendem שֶׁ. Es wird damit eine Behauptung als im Ganzen richtig und feststehend zugegeben, jedoch in einem Nachsatze, der gewöhnl. mit מִכָּל מָקוֹם (s. d.) hinzugefügt wird, beschränkt oder erweitert. Es lässt sich daher mit *obgleich*, *wenn auch* übersetzen.

אֲפוֹתִיקִי gr. ἀποθήκη Pfand. Git. 4, 4.

אֲפִילוּ aus אַךְ־אִלּוּ conj. *auch wenn*, *selbst wenn auch*, *sogar wenn*, nach einer Verneinung *selbst dann nicht*, *nicht einmal*.

אָפַךְ thalm. N. F. z. hebr. הָפַךְ arab. ۱ﻓﻚ umdrehen, wenden, verwandeln. Inf. מֵיפַּךְ, Imp. אֵיפַּךְ Sabb., XXXI a אֲפִיךְ לֵיהּ »er kehrte es um«, Git. LXVIIb. מַיְפַּךְ אַפְכִי fut. יֵיפַךְ Ter. 9, 1. Dav. אִיפְּכָא das Umgekehrte, Entgegengesetzte אִיפְּכָא שְׁמִעִינָן sehr häuf.

אֶפְשָׁר das Mögliche. Succ. L, b. u. ö. רְנִין אפשר משׁאי אפשר Schliessen v. Möglichem auf Unmögliches. Das W. gehört ganz der Schulsprache des Th. an s. u. פּשׁר.

אָרָא bibl. אָרָה IV *knüpfen*, *flechten*, zus. fügen, dav. אֲרִיָה, אָרְוָה 1. Kön. 5, 6. 2. Chr. 9, 25. 32, 28. u. אָרוֹן ar. ﻋﺮﺵ, im Thalm. in der Formel וּדְקָארֵי לֵהּ מַאי קָארֵי לֵהּ B. b. II. b. u. ö. und dass er es hiermit zusammenbringt, worin kommt es damit zusammen? d. h. in wiefern kommt das hieher? Pa. אַיְירֵי Jeb. IIIa איירי דאיירי weil er es damit verknüpft. An manchen Stellen scheint aber אַיְירֵי (s. d.) als Aph. v. ירה genommen werden zu müssen, und nur, weil der Sinn fast derselbe ist und die Formel so häufig gebraucht wird, unterschied man sie nicht mehr so genau.

אִירְיָא u. אִרְיָא eigtl. Zusammenhang, Verbindung. B. b. LXVIII b. Nid. XXXV a מִידִי אִירְיָא הָא כְּדְאִיתָא וְהָא כִּדְאִיתָא »Hängen die denn in Etwas zusammen, das eine ist, wie es ist, das andere ist, wie es ist.« מַאי אִירְיָא Wie hängt zusammen? *warum gerade?* Jeb. IX, a u. häuf. עַרְכֵי אַרְכֵי s.

ב

ב wechselt mit פ, so הָפְקֵר neben הֶבְקֵר Peah, 6, 1. ברע neben פרע, פומבי neben פומפי jer. Schek. 1, a.

בֶּאֱמֶת eigtl. »in Wahrh.« conj. *jedoch aber*, *aber doch* (verum tamen) nur in der Mischnah Sabb. 1, 3. 10, 4., wo אָמְרוּ danach steht, ohne dies B. m. 4, 11. Die Bemerkung der Gem., dass alle Aussprüche, die mit בֶּאֱמֶת angeführt sind, unbestritten seien, hat ihren Grund nicht in diesem Worte, wie Ra. z. letzt. Stelle bemerkt, sondern beruht auf Ueberlieferung.

בָּב def. בָּבָא (ar. ﺑﺎﺏ) בָּן stets mit ן, das im Chald. und im Th. stets fehlt.) Im Hebr. nur noch in בָּבָה, בָּבַת עַיִן, Zach. 2, 12, welches verkürzt בַּת ע׳ Ps. 17, 6. syr. ܒܒܐ Pforte, Thür, Eingang, thalm. בִּיב Höhle, dann Vorderseite. Davon עַל בָּב aus עַל בַּב eigtl. vor der Thür praep. *vor*, vgl. עַל פְּנֵי Sabb. XXXII a חוּטְרָא אַבָּב *vor dem Pferch*, אַבָּב חָנוּאָתָא *vor der Kramthür*.

בָּגַר Aus dem hebr. כָּבַר u. בָּקַר (wov. נִבְקַר) *hervor-*,*durchbrechen*, dann *frühzeitigen*, *reifen*, *zuerst hervortreten*, *geboren werden* hat die Th. für das Schulbedürfniss בָּגַר gebildet, um damit den Zustand und die Zeit des Eintritts der weiblichen Reife auszudrücken, mit welcher Zeit ein Mädchen dem Vater gegenüber eine gewisse Selbstständigkeit erlangte. Ket. 4, 1. u. ö. בָּגְרָה *mannbar sein*. Sie selbst hiess dann

בּוֹגֶרֶת **Mannbare, Heirathsfähige** Ket. 3, 8. und בַּגְרוּת, so hiess der Zustand u. die Zeit, Ket. XXXIX, a.

בָּדַק tr. *suchen, untersuchen*, so hebr. 2 Chr. 34, 10 u. aram. syr. ܟ̇ܪܳܐ, ܟܪܳܐ dav. d. hebr. בָּדַק eigtl. Stelle, wo man sucht, *Ritze, Spalte, schadhafte Stelle* an einem Hause. Im Thalm. *untersuchen*, inquirere, Sanh. 5, 1. Sabb. 2, 2. *suchen*, Pes. 1, 1. *belasten* (ein Messer) Chol. XVII b. ein geschlachtetes Thier an bestimmten Theilen. Chol. XLIII a u. s. f.

בִּין, בּוּן hebr. eigtl. unterscheiden, verstehen, begreifen Ni. נָבוֹן, Hi. הֵבִין thalm. wie v. יָבַן gebild. Ab. sar. 3, 5. אֲנִי אוֹבִין יֵאָרוּן.

בָּמֵל in der hebr. Bib. nur einmal Koh. 12, 3 *feiern*, aram. בְּטֵל (f. בְּטֵלַת) part. f. (בְּטֵלָא) intr. *aufhören* Esr. 4, 24., syr. ܒܛܠ *aufhören, unterlassen*, Ethp. *sorgen, unruhig sein*, ar. بَطَلَ *Nichts, vergeblich sein, untergehen*, thalm. *aufhören, verschwinden* part. בָּטֵל Ab. 5, 16. בָּטֵל דְּבַר, בָּטְלָה אַהֲבָה mit flg. מִן *sich unterbrechen, nachlässig sein*. Ab. 4, 10. אִם בָּטַלְתָּ מִן הַתּוֹרָה יֵשׁ לָךְ בְּטֵלִים הַרְבֵּה »Störst Du dich im Studium des Gesetzes wirst Du viele Störungen haben.« *Müssig gehen* בָּטֵל מִמְּלָאכָה יוֹשֵׁב בָּטֵל Ni. *aufhören*, verschwinden jer. Meg. I, 1. עֲתִידִין לִיבָּטֵל Pa. *vernichten, als nicht vorhanden erklären*. Pes. 3, 7. בִּטּוּל, בָּטַל, מְבַטְּלוֹ בָלְבּוֹ Dav. בְּטֵלָה.

בְּטֵלָה f. *Müssiggang*. Ket. 5, 5. בַּטֵּלָה יִפְנֶה לִבּוֹ Eiteles, Ab. 3, 4. מִבְרִיאָה לְיָדֵי זִמָּה לִבַּטָּלָה »wer seine Gedanken dem Eitlen (nicht dem Gesetze) zuwendet,« mit לְ präf. *umsonst*, ohne Wirkung, Ber. LXIII, b לֹא יָצָא הַדָּבָר לְבַטָּלָה.

בַּטְלָן geschäftslos, Meg. 1, 3. בַּטְלָנִין עֲשָׂרָה בַּטְלָנִין Pes. LI, b. כַּמָּה בְּטָלְנֵי.

בִּטּוּל und בִּיטוּל *Störung, Unterbrechung. Aufgeben*, Sabb. XXXII, b. בִּיטוּל חוֹרָה Men. XCIX, b.

כִּי in der Gem. stets für בֵּית st. c. v. בַּיִת in allen biblischen Bedeutungen, bes. aber für Lehrhaus, Schule. הָא דְבֵי ס Ein Lehrer aus der Schule des N. N. בַּר בֵּי רַב »Ein Sohn aus dem Hause des Lehrers« Sabb. CXL, a. für Gewissenhafter. Dann wird בֵּי wie das franz. chez als praep. des Zuständigkeitsverhältnisses gebraucht, und מִבֵּי אֲבוּהִי heisst: vom Vater her, מָבֵּי נָשֵׁי von seinen Leuten d. i. Verwandten her.

בֵּין st. c. v. בַּיִן praep. *zwischen, inmitten, unter*, wie im bibl. Hebr., nur dass die Bed. von בֵּין ···· בֵּין *sowohl···als auch*, sive···sive, von der in der B. nur schwache Spuren sich finden (2. Sam. 19, 36., 2. Chr. 14, 10.), hier allgemein üblich ist, Pes. 6, 1. בֵּין בַּחוֹל בֵּין בַּשַּׁבָּת *sowohl am Wochentag, wie am Sabbath* u. ö. Im Verneinungssatze tritt die ursprüngliche Bed. als Sbst. wieder hervor, u. אֵין בֵּין (vielleicht richtiger zu lesen בַּיִן) Meg. 1 u. ö. heisst: *es ist* kein Unterschied, so dass noch ein zweites בֵּין hinzu zu denken ist, oder man muss zwischen אֵין u. אֶלָּא das Wort דָּבָר ergänzen. בֵּינֵי בֵּינֵי Beza VII a. *Differenz* des Werthes zweier Dinge. Bes. zu beachten ist der Schulausdruck:

בֵּינַיְיהוּ eigtl. zwischen ihnen (beiden) sowohl als Frage מַאי ב׳, wie als Antwort אִיכָּא ב׳, der wohl zu unterscheiden ist von מַאי פְּלוּגְתַּיְיהוּ u. מַאי קַמְפַּלְנִי, ersterer bed.: welches ist ein Drittes, das von den beiden verschiedenen Meinungen nicht berührt wird? während letzteres heisst: Welches ist der Gegenstand, worüber ihre Meinungen auseinandergehen? Doch ist dieser Unterschied zuweilen ausser Acht gelassen. So Sabb. LXXVIII b. Ende ? מַאי בֵּינַיְיהוּ אָמַר ר׳ יוֹסֵף אָסוּר לְשַׁהוֹת שָׁטָר פָּרוּעַ אִיכָּא ב׳ u. Sabb. CXLIV b. Ende א׳ ה׳ רָאִיתִי בֵּינַיְיהוּ בָּתַר אִיצְצוּתָא. An beiden Stellen ist die Frage nach dem Streitobject. S. Ra. z. St.

בֵּינְתַיִם meist בֵּינוֹתַיִם geschrieb. u. בְּנַתַיִם gelesen. Du. v. בֵּין nur dem Th. eigen, während in der Bib. בֵּינַיִם 1. S. 17, 4. die Mitte, als adv. *inmitten, dazwischen*.

בִּלְבַד s. לְבַד.

בְּלָא גַבְרֵי **ohne Männer**, d. h. nicht durch Berichterstatter vermittelt, sondern als authentischen Ausspruch der ersten Lehrer. Sabb. CXI, b ob.

בִּנְיָן in der thalm. Schulsprache: *combiniren* בִּנְיָן אָב. Dieses ist zu combiniren aus dem allgemeinen Begriff אָב, als v. seltener, desto öfter als Sbst.

בִּנְיָן אָב *Combination aus dem Allgemeinen*, nur der Schulsprache angehörig, die erste der sogenannten (s. u. גְזֵרָה) 13 Interpretationsregeln des R. Jischmael. Der Begriff dieses Ausdruckes beruht auf der Annahme, dass die biblischen Gesetze, weil von Gott ausgegangen, allgemeine Giltigkeit haben, d. h. in dem Sinne: Was von dem einen Gesetze gilt, muss auch vom andern gelten. Wie weit aber diese Allgemeinheit sich erstrecken dürfe, weiss allein die thalmudische Ueberlieferung, nur sie nimmt an, dass das, was von Rechtssachen gilt, nicht auch von Genuss verboten gelten kann, מָמוֹנָא מֵאִיסוּרָא לָא יַלְפִינָן, dass das, was von Strafgeldern gilt, nicht auch von Restitutionsgeldern gilt מָמוֹנָא מִקְנָסָא לָא יַלְפִינָן u. m. dgl. Manches ist noch strittig, z. B. ob das von einem strengen Verbot חָמוּר אִיסוּר auch von einem minder strengen קַל אִיסוּר gelten soll. Das *Allgemeingiltige* bei den Gesetzen wird nun אָב *der Vater* genannt, die Uebertragung, Combination heisst בִּנְיָן. So wird z. B. combinirt: Wenn es Lev. 15, 4. heisst: Lager מִשְׁכָּב und V. 9. מֶרְכָּב Sattel des Blutflüssigen sollen unrein sein, so sind nicht diese beiden Geräthe besonders gemeint, sondern Alles, was die Eigenschaften eines Lagergeräths oder Sitzgeräths habe, mit Ausschluss dessen, was zu andern Zwecken bestimmt ist, etwa ein Lastwagen, worauf man aber gelegentlich auch sitzen kann. Diese Combination wird בִּנְיָן אָב genannt. Sie kann sich auf *eine* Schriftstelle berufen אֶחָד מִכָּתוּב אָב oder auf *zwei* בְּ׳ אָב׳ מִשְׁנֵי כְתוּבִים, z. B. dass der Ausdruck צַ Lev. 6, 2 beim Gesetz der Tempelbeleuchtung und Num. 5, 2, derselbe Ausdruck beim Gebote, die Unreinen aus dem Lager zu entfernen, steht, daraus wird als ב״א die Combination gemacht, dass überall, wo der Ausdruck צַ steht, das Gesetz sofort und auch für spätere Zeiten galt מִיַד וּלְדוֹרוֹת.

בַּעְיָנָא 1. pl. בְּעוּ, (3. pl. בְּעָה u. בְּעָא part. בְּעֵה u. בָּעֵא, pl. בָּעֵין, inf. מִבְעָא, fut אָבְעָא aram. intr. *begehren, erbitten* mit מִן v. Jmdem Dan. 2, 16. 23. 49. *suchen*, mit acc. 2, 13. 6, 5. *beten*, mit קֳדָם oder כֵּן־קֳדָם 2, 18. od. מִן 6, 8. construirt, zuw. auch mit Hinzusetzung des Sbst. בְּעוּ 6, 8. בָּעוּתֵהּ 6, 14. Im Th. *wollen, wünschen* wie im syr. ܒܥܳܐ, so Ab. s. X, a בָּעֵינָא ich wünsche. Pa. בַּעֵי (3 pl. fut. יְבַעֵיעוּן=עוּן) inständig *bitten*, mit לְ d. P. Dan. 4, 23.

In der Schulsprache der Gem. wird es gebraucht in d. Bed. *wollen*, mit folgend. לְ, *fragen*, auch mit מִן u. קוּם für קֳדָם, in der Form מִבְּעֵי אַבָּעֵי אִתְבְּעֵי für מִבְּעֵי לֵיהּ *nöthig sein, bedürfen, brauchen* זוּזֵי B. m. XLII. a. er hat Geld nöthig, מִבְּעֵי לֵיהּ לְהַאי Er braucht sie (die Schriftstelle) dazu. Ab. s. X, b u. ö. B. m. XVII, b. אַבָּעֵי לֵיהּ לְמִכְתַּב er hätte müssen schreiben, und dieselbe Form mit folgd. לְ *Jemand fragen*. Man merke besonders folgende Phrasen: אִי בָּעֵינָא אֵימָא: *wenn ich will, sage ich*, oder: *wenn du willst, sage*; denn beides kann es heissen. בְּעוּ מִן פ sie fragten ihn, בְּעוּ קוּמֵיהּ sie fragten vor ihm d. h. *in seiner Gegenwart* אִבָּעְיָא לְהוּ es wurde ihm (ihnen) die Frage vorgelegt. Der Begriff der mit diesem Worte ausgedrückten Frage ist näher so zu fassen, als eine Aufforderung für eine von zwei oder mehreren möglichen Annahmen sich zu entscheiden. Dieses entscheiden wird אַפְשֵׁט (s. פשט) genannt.

בַּעְיָא gew. בַּעֲיָא sbst. eigtl. in Zweifel Gezogenes, *Fragliches, Frage*. — מִי־בַעֲיָא gew. in einem W. מִי מִבָּעֲיָא (s. d.) nur als Fragezeichen: Ist es eine Frage? d. h. *es ist gar keine Frage, es versteht sich von selbst*. So immer in einem vergleichenden Fragesatz, Sabb. LVII a.: קַשָּׁה עַל גַּבֵּי »Hartes קָשֶׁה חוֹצֵץ, קָשֶׁה עַל גַּבֵּי רַךְ מִי בַּעֲיָא auf Hartes trennt — Hartes auf Weiches, kann das fraglich sein?«

לָא־מִבָּעֲיָא Diese Formel bezeichnet das

Verhältniss zweier Sätze zu einander, von denen der eine als nicht unter das Gesagte fallend hätte fraglich sein können; indem er aber neben den andern gestellt wird, soll die Fraglichkeit aufgehoben werden. Sie werden so aufgestellt um eine Steigerung der Gesetzeskraft anzuzeigen, kraft welcher nicht blos dies, sondern sogar dies (לֹא זֶה אַף זוּ) verboten wurde. Am deutlichsten ist das zu ersehen Bez. XXXVII, a. לָא מִבָּעְיָא קָאָמַר: לָא מִבָּעְיָא שְׁבוּת גְּרֵידְתָא דְאָסוּר אֶלָּא אֲפִילוּ שְׁבוּת דִּרְשׁוּת נַמִּי אָסוּר וְלֹא מִבָּעְיָא שְׁבוּת דִּרְשׁוּת דָּאָסוּר אֶלָּא אַפֵּי שְׁבוּת דְּמִצְוָה נַמִּי אָסוּר. »Die Nichtfraglichkeitsformel ist hier angewendet: Nicht fraglich ist es, dass eine einfache Feierstörung verboten ist; (aber nicht nur diese ist verboten), sondern auch eine Feierstörung, womit etwas Erlaubtes geschieht, ist verboten, und nicht fraglich ist es, dass eine Feierverletzung, womit etwas Erlaubtes geschieht, verboten sei; (aber nicht nur diese ist verboten) sondern auch eine Feierverletzung, womit etwas Gebotenes geschieht, ist verboten.«
Die Steigerung geht hier vom Einfachen aufwärts zum Erlaubten bis zum Gebotenen; die letztern hätten nach dem erstern fraglich sein können, sie werden nun für לֹא מִבָּעְיָא nicht fraglich, also auch für verboten erklärt. Vgl. B. m. XLI, a. u. a.

בַּר st. emph. בָּרָא sbst. im bibl. Aram. nur Dan. 20, 38, 4, 2. u. noch einigemal in der Bed. *Feld* oder Wald, syr. ܒܪ, arab. بَرِّيّ unbebaute Gegend, Wüste. Daher im Aram.

בָּרָא adv. *draussen*, als im Gegensatz von Haus und Stadt. So übers. Onk. חוּץ immer mit בָּרָא. Im Th. nahm es aber eine ganz eigene Bed. an. Nachdem nämlich Rabbi Jehudah Hanasi aus den verschiedenen, bisher von den Schuloberhäuptern verborgen gehaltenen Sammlungen alter Gesetzesaussprüche eine eigene zusammengestellt hatte, die nun unter dem ausschliesslichen Namen Mischnah (מִשְׁנָה) dem Gesetzesstudium in den Schulen zu Grunde gelegt wurde, konnte man sich doch der Wahrnehmung nicht verschliessen, dass das ganze Material der Halachah in der recipirten Sammlung nicht erschöpft war. Die Lehrer, denen die alten Sammlungen theils schriftlich, vorzugsweise aber im Gedächtniss noch gegenwärtig waren, stellten Vergleichungen an, ergänzten und verbesserten die neue Sammlung aus den alten. Um aber das Ansehen der neuen Sammlung nicht zu beeinträchtigen, wurde diese (מִשְׁנָה, מַתְנִיתִין, מַתְנִיתָא) *Mischnah* schlechthin, alle übrigen zusammen aber die äussere d. i. ausserhalb der Schule befindliche Mischnah מִשְׁנָה בָּרַיְתָא und dann kurz בָּרַיְתָא genannt. Man darf aber hierbei nicht etwa an eine Geringschätzung der Baraitha gegenüber der Mischnah denken, (s. בָּרַיְתָא) vielmehr werden sie als gleichberechtigt neben einander gehalten. So steht nun einander gegenüber Rosch hasch. XXXIII, b. תָּנָא דִידָן *unser Lehrer* d. h. der recipirten Mischnah und תָּנָא בָּרָא der Lehrer draussen d. h. der Baraitha. Ebenso B. m. LII a u. a.

בָּרוּתָא eigtl. ausserhalb, d. h. *nicht stichhaltig,* als Bezeichnung einer Ansicht, die zurückgewiesen werden muss. B. m. IX a. LXXI b. B. b. CI, b. An allen Stellen, wo dieser Ausdruck vorkommt, ist eine L. A. בְּדוּתָא am Rande angemerkt, welches *erdichtet, lügnerisch* heissen würde. Sie ist aber schwerlich die richtige.

בָּרַיְתָא Im Thalmud selbst kommt dieses Wort nur in der Bed. *Feld, Wald, Wildniss,* vor B. b. XL L., Chol. XLVII a. od. *Aeusseres* im Gegens. zu גַּוְיְתָא Inneres. Men. XXXV a. Die Bed. alte Mischnah, die wir oben unter בַּר angeführt haben, ist nachthalmudisch. (S. מַתְנִיתָא) So heisst es in der Gem. Chol. CXLI b. ob. כָּל מַתְנִיתָא דְלָא תַּנְיָא בֵּיהּ ר' חִיָּיא וכו' u. ö., während nachthalmudische Autoren immer anführen כָּל בְּרַיְתָא וכו' S. Ra. l. c. u. Kes. Mi. zu Maim. Einl. z. Mi. Thor.

בְּרִי *Gewissheit, Bestimmtheit.* Bezeichnung für die Aussage einer Partei vor Gericht, die eine Handlung als wirklich geschehen angiebt, im Gegensatze zu einer solchen, die sie nur als möglich שָׁמָא erklärt. B. K. CXVIII a. בְּרִי וְשָׁמָא בְּרִי עָדִיף Steht »gewiss« gegen »vielleicht« hat »gewiss« den Vorzug. Das Wort ist wohl richtiger auf בָּרִיא *gesund, fest, stark* nach Ps. 73, 4. u. Kelim 3, 5., wo es dem רָעוּעַ *gebrechlich* gegenübersteht, zurückzuführen, nicht aber auf בְּרִי Glanz IIi. 37, 11. und בַּר lauter, rein, aufrichtig, Ps. 24, 4., da die Aussage בָּר nirgends auf der Lauterkeit des Willens, sondern auf der Kraft des Wissens beruht.

בָּרַר hebr. tr. *aussondern — scheiden — wählen*, wird im Th. in allen Bedd. und Formen der Bibel gebraucht. Auch die Bed. *Schiedsrichter ernennen* Sanh. ,3, 1. זֶה בּוֹרֵר לוֹ אֶחָד וְזֶה בּוֹרֵר לוֹ אֶחָד und das davon gebildete, der Gerichtsordnung angehörige Wort שְׁטָרֵי בֵירוּרִין *Actenstücke zur Schiedsrichterwahl* lassen sich noch auf die bibl. Bed. zurückführen. Dagegen verbindet die thalm. Schulsprache einen ganz eigenthümlichen Begriff mit dem Worte: בְּרֵרָה *Wahl* d. h. Willenserklärung, kraft welcher ein Theil von einem andern, oder vom Ganzen getrennt wird. Mit Rücksicht darauf, dass nach der Trennung die einzelnen Theile in ganz andere Verhältnisse zu den gesetzlichen Bestimmungen treten, als die waren, in welchen vorher das Ganze sich befand, also eine Gesetzesvorschrift dadurch alterirt, oder auch ganz aufgehoben wird, entsteht nun die Frage: Hat die Wahl rückwirkende Kraft? Ist anzunehmen, dass, bevor die Willenserklärung eine Wahl thatsächlich vollzogen hat, diese gleichsam durch göttliche Bestimmung, oder durch die Natur der Sache auch so ausgefallen sein würde, wie sie jetzt ausgefallen ist? Am deutlichsten drückt dies Ra. zu Beza XXXIX, b. aus. Es wird dort darüber verhandelt, ob Dinge, die am Festtage aus dem Gemeinbesitz in den Besitz eines Mitberechtigten durch Besitzergreifung übergehen, nun ganz zu seiner freien Verfügung stehen, oder ob sie noch an den gesetzlichen Pflichten der frühern Mitbesitzer gebunden sind? Der besondere Fall ist nun der: Jemand schöpft Wasser aus einer Cisterne, die allen Wallfahrern gemeinschaftlich angehört; hier fragt es sich nun: מַיִם שֶׁעָלוּ לְכַדּוֹ הֵן הַמְבוֹרָרִין מִן הַשָּׁמַיִם לְחֶלְקוֹ »Ist das Wasser, das in seine Flasche gestiegen, dasselbe, das von Gott schon vorher als sein Theil ihm auserkoren war? Diese Ansicht ist nun strittig; die, welche dafür sind, sagen יֵשׁ בְּרֵרָה; die, welche dagegen: אֵין בְּרֵרָה. Dieses Streitobject kommt sehr häufig vor, wenn es sich darum handelt, ob diese rückwirkende Kraft ein Verbot aufheben könne oder nicht, Bez. X, a, oder Unreinheit Chol. 7, 3. oder Abgabeverpflichtung bei gemeinschaftlichem Besitz von Jude und Nichtjude Chol. CXXXV, b. oder ob nach der Theilung unter Brüdern die Vorschriften des Jubeljahres noch auf die Theile anwendbar sind, Beza XXXVII u. XXXVIII vgl. auch Er. LXVIII, a., oder ob ein Scheidebrief, der für keine bestimmte Frau ausgestellt wurde, durch Uebergabe an dieselbe als für sie ursprünglich ausgestellt angesehen werden könne. Git. XXIV b. ff. Als Regel wurde angenommen כְּדְאוֹרַיְתָא אֵין בְּרֵרָה כְּדְרַבָּנַן יֵשׁ בְּרֵירָה. Bei biblischen Gesetzen hat die Wahl nicht rückwirkende Kraft, bei rabbinischen hat sie rückwirkende Kraft.

בִּשְׁלָמָא adv. eigtl. in Frieden, *zugeben, richtig*. Bei einer Disputation vom Opponenten gebraucht, wenn er die Behauptung des Gegners bedingungsweise zugiebt, aber einen neuen Fall anführt, in welchem sie keine Geltung hat; das Wort wird häufig in die Mitte des Satzes wie das lat. ajo, inquit eingeschoben.

ג

גַב m. hebr. eigtl. Gehügeltes, Gewölbtes, Gehöckertes; dah. 1. *Rücken*, 2. *Hügel*, 3. *Gewölbe*, 4. *Folge*. Dav.

גַב aram. praep. eigtl. d. Hervorragende Tragende, dah. thalm. u. im Targ. עַל גַּב eigtl. auf dem Rücken für *auf*. Wie aus dem hebr. גֵּב עַל, thalm. בָּד עַל in der Bed. *auf* gebildet wurde, so analog נַב עַל *auf*, und אֲגַב *auf Grund, weil, in Rücksicht, gemäss*, לְגַב *in Vergleich, gegen*. Auch der pl. aus גַּבִּי wurde nachgebildet, und neben גַּב עַל u. גַּב עֲלֵי erscheint לְגַבֵּי u. עֲלֵי־גַבֵּי. Der Sinn der praep. wird dann wieder als Sbst. gefasst u. erhält d. Bed. *Bestimmung, Absicht, Zweck*. Beza 2, 2. לְגַב כֵּיוָן, welches die Gem. XIX a durch Ergänzung erklärt, נְהוֹ אֲגַב בְּדוֹ וּבְדוֹ אֲגַב נְהוֹ.

גֵּו estr. גֵּו hebr. Rücken, sov. w. גַּב aram. *Bauch*, übertr. *Inneres*, als Partik. sov. w. hebr. הֵן, mit praef. לְגַו רַבִּי *hinein*. Im Th. ist das Schulwort מִגַּו *aus dem Grunde, da doch* besonders zu beachten. Es wird damit eine praesumptio in bonam partem bei Rechtssachen ausgedrückt. Wenn Jemand zu seiner Vertheidigung Etwas aussagt, wodurch er sich theilweise schuldig erklärt, wird dies ihm geglaubt, da er doch — מִגּוֹ — sich für ganz schuldlos hätte erklären können. מִגּוֹ ist daher gleichbedeutend mit הוֹאִיל.

גּוּוְמָא *Uebertreibung*. Häufig im Thalm. u. Midr. zur Bezeichnung von Redensarten, in denen zur Angabe einer unbestimmten Grösse eine höhere Zahl- und Massbestimmung angegeben ist, als nöthig oder glaublich. Die Bed. steht fest durch zahlreiche Stellen: Erub. II, b., Bez. IV a., Chol. XC b., wo es neben הֲבַאי (s. d.) gebraucht ist, Tham. XXIX b. u. a. m. Es lässt sich von den als 'ג bezeichneten Stellen auf eine noch viel grössere Anzahl solcher, wo höhere Zahlen 1000, 400, 300 etc. gebraucht sind, ein wohlbegründeter Schluss machen. Auf die Ableitung des Wortes ist von den Philologen schon viel Scharfsinn verwendet, u. Wurzeln sind aus allen morgenländischen und abendländischen Sprachen herangezogen, sie ist und bleibt aber dunkel. Am wahrscheinlichsten ist, dass d. Wort sich in der Volks- und Schulsprache von selbst gebildet wie unser Putsch, Alfanzerei, Chauvinisme u. s. w. Später bildete man auch davon גַּוַּם w. s.

גּוּף emph.אגּוּפָא ar. جوف *hohl sein* u.جَرَّب. *Leib*, im bibl. Hebr. nur pl. גּוּפוֹת 1, Chr.

19, 12. *Leichnam*, im Th. *Leib*, sowohl von lebendigen wie von todten Menschen und Thieren, übertr.*Persönlichkeit*, Kid.XXXVII a דִּזְבַח גּוּפֵהּ *persönliche*, d. i. an die Person geknüpfte Pflicht, u. dann als pron. *selbst*, bes. nach Eigennamen גּוּפֵיהּ ס' N. N. selbst, אִצְטְרִיךְ לְגוּפָא *das muss um seiner selbst willen stehen* von Wörtern oder Buchstaben der Schrift, welche ausgelegt werden.*Ganzes*, insofern mehrere Bestandtheile einer Halachah als eine Einheit aufgefasst werden, worin kein Widerspruch sein darf. Dah. d. Frage?אַקְשַׁיָּא גּוּפָא הָא B. k. XXXIX a. u. o. Dann auch *Stoff, Substanz, Grundlage*. Auf dieser Bed. beruht der Gebrauch des Wortes als Schulausdruck, wenn irgend eine Stelle als Beweis für Etwas angeführt war, und man will ausser dieser Anwendung noch irgend eine Bemerkung dazu machen, dann wird immer vor Wiederholung der betreffenden Stelle das Wort גּוּפָא gesetzt. Dies eine Wort soll dann heissen: Das oben zu Grunde Liegende dient noch als Stoff zu folgender Untersuchung. Man kann es übersetzen: *Kommen wir zurück auf...*

גּוּם pa. den. v. גּוּמָא Scheb.XLVI, a. Ab. sar.L, b. *übertreiben*, syr.ܓܦ ܓܶܠ *einschneiden, beschliessen* (vgl. קבם *prahlen, aufschneiden*) dah. viell. גּוּמָא s. d.

גְּזַר hebr. גֶּזַר 1)*schneiden,zerschneiden*, syr. ܓܙܰܪ *circumcidere*, ar.جزر *abschneiden, schlachten*. 2. *entscheiden, bestimmen* nur Hi. 22, 28 u. Ni. Est. 2, 1. Im Th. ist letzterer Bed. vorwiegend, *einen Spruch, ein Urtheil fällen*, (in der Verwandtschaft mit schneiden (vgl. פָּסַק), soll die Unwiderruflichkeit ausgedrückt werden) *befehlen, verordnen*. von Gott gebraucht, mit עַל d. P. das *Schicksal bestimmen*. In der Schulsprache bed. es besonders, Etwas *verbieten*, das an sich erlaubt wäre, aber dessen Gestattung zu etwas Verbotenem leicht führen könnte, welches bezeichnet wird mit הָא גָזְרִינַן הָא אַטּוּ »das Eine verbieten des Andern wegen.« Ein solches Verbot selbst heisst גְּזֵרָה. wobei Vorsicht anempfohlen wird, dass man Etwas verbiete, wobei nicht alle bestehen können רוֹב גַּוְרָה עַל אֵין גּוֹזְרִין

הַצִּבּוּר יְכוֹלִין לַעֲמוֹד בָּהּ, oder was zu lästig wäre מִשּׁוּם טָרְחָא דְצִבּוּרָא.

Ganz eigenthümlich ist aber noch d. Bed. des Wortes גְּזֵרָה in גְּזֵרָה שָׁוָה, eine der 13 Schulformeln (מִדּוֹת) des R. Jischmael, vermittelst welcher Gesetzesbestimmungen der mündlichen Lehre aus dem Worte der Schrift abgeleitet werden. Die Formel, in der das Wort שָׁוָה adjectivisch steht, bedeutet *eine Bestimmung aus Vergleichung ermittelt*. Das Gleiche kann liegen im buchstäblichen Ausdrucke wie אִם לֹא שָׁלַח יָדוֹ das beim bezahlten, wie beim nichtbezahlten Hüter steht, B. k. LXIII b. oder im sinnverwandten Ausdruck wie שִׂיבָה u. בִּיאָה wiederkommen u. kommen, Chol. LXXXV a oder in der Sache, wie Jungfrau und Nichtverlobte, Ket. XXXVIII. b. Die Bestimmung selbst war dem vortragenden Lehrer aus Ueberlieferung bekannt, daher die Regel: אֵין אָדָם דָּן גְּזֵרָה שָׁוָה מֵעַצְמוֹ אֶלָּא כְּקַבָּלָה מֵרַבּוֹתָיו Pes. LXVI, a.; nur war er bemüht einen Beleg dafür aus der Schrift zu finden. Diese Operation war eine rein formale Schulsache, (s. darüber Hirschfeld Halachische Exegese v. §. 411—425 u. vgl. meine Abh. über den ersten Unterricht im Thalm. im Bericht über d. T. T. Schule. Prag 1866 S. 10—13.) daher auch darüber gestritten wurde. Die Sachanalogie wird auch הֶקֵּשׁ genannt.

גֵּט emph. גִּיטָא pl. גִּיטִין u. גִּטִּין *Document, Actenstück*, im spätern Rabbinism. vorzugsweise für גֵּט אִשָּׁה Scheidebrief gebraucht. Die Herleitung dieses W. ist dunkel. Es entspricht zwar dem actum, es aber als daraus entstanden anzunehmen, wie Sachs in den »Beiträgen« behauptet, scheint doch gewagt, trotz des pl. אַגְנָסִין Sanh. XCI a., da das W. in den ältesten Halachoth gebraucht wird, als Römisches noch zu fern lag.

גְּמַטְרִיָא. An der Stelle, an welcher dieses Wort zuerst vorkommt, Aboth 3 Ende, ist es sicherlich nur als Schreibfehler aus גְּרַמְטְיָא entstanden; denn es bedeutet dort dasselbe, was das gr. γραμματεία, die Literatur, welche wie die Astronomie תְּקוּפוֹת als Hilfswissenschaft bezeichnet wird. Der spätere Rabbinism. gebraucht dann das Wort in dem Sinne *Schreibgeheimkunst* u. versteht darunter, Abkürzungen und Andeutungen, bes. den Zahlenwerth der Buchstaben und Wörter. תֵּירָה בְּגִמַּטְרִיָּא תרי״א Thorah zählt 611, wovon im jüngern Midrasch häufig Gebrauch gemacht wird.

גָּעִים hebr. *streben* nach dem Grunde, in die Tiefe, nach einem Ziele, dav. im bibl. Hebr. nur מִגְנָּה Hab. 1, 9., syrisch ܥܓܐ *gründlich zerstören, ganz abschneiden*, thalm. *tief abhauen* (einen Baum, jedoch nicht mit der Wurzel) Scheb. 4, 4. גּוֹזֵם Ni. das. 1, 5. אִילָן שֶׁנִּגְמַם Po. das. 4, 5. גּוֹזְמִים, Chol. XCII, b גּוֹזְמֵימוֹ עִם הַשּׁוּפִי in einiger Tiefe (die Spannader) abschneiden, im Ggs. zu הַעֵט, Pi. גִּמֵּם dav.

גָּמְגֵּם arab. جَمْجَمَ *undeutlich sprechen*, scheint ein dem Stammeln nachgeahmter Naturlaut zu sein. Kid. XXX a unt. אַל תְּגַמְגֵּם בְּדָבָר, *stammeln, zaudernd reden*, beanständen, zweifeln.

גָּמַר hebr. (nur in den Psalmen) intr. *zu Ende gehen, aufhören*, Ps. 12, 2. verschwinden 7, 10. tr. mit עַל *über Jemand beschliessen* 57, 3. mit בְּעַד *für Jemand* 138, 8. chld. גְּמַר u. syr. ܓܡܪ *vollenden, zu Ende bringen, fertig machen*. So auch im Th. bes. in Mi. u. ältere Bar. Ber. 1, 2. גּוֹמְרָה עַד הַגֵּץ הַחַמָּה *fertig, ausgebildet* Bez. II, 6. בֵּצִים גְּמוּרוֹת, Ni. abgeschlossen, Sanh. 6, 1. נִגְמָר, נִגְמַר הַדִּין Esr. 7,12. *ausgefertigt*, dav. גְּמָרָא u לְגִמְרֵי.

Eine neue Bed. erhielt das Wort in der thalm. Schulsprache, sie ging aus von: גְּמָרָא d. h. der ursprüngl. Bed. noch entsprechend: *Abschluss*, wobei etwa hinzuzudenken: alles Wissens, etwa Encyklopädie. Man dachte dabei an, und strebte zu erreichen einen, aus gründlicher Erörterung hervorgegangenen Abschluss sämmtlichen Materials der mündlichen Lehre. Obgleich es dazu nicht kam und der Natur der Sache nach nicht kommen konnte, so nannte man doch die, in dieser Absicht im 7. Jhh. von רַב אַשִׁי angelegte Sammlung dieses Materials גְּמָרָא, in Gegensatz zu מִשְׁנָה, מַתְנִיתָא welche die überlieferten Sätze in der ur-

4*

גרם

sprünglichen Gestalt, ohne Vergleichung mit daneben vorhandenen, ähnlich lautenden Sätzen und mit der praktischen Anwendung und Anwendbarkeit enthielt. Da noch eine andere, schon im 5. Jhh. in Palästina angelegte und auf R. Jochanan zurückgeführte Sammlung bestand, welche aber bis dahin den Namen גְּמִרָא noch nicht geführt hatte, wurde die jüngere ג׳ בַּבְלִית *babylonische Gemara*, die ältere ג׳ יְרוּשַׁלְמִית *Jerusalemische* d. i. *palästinensische Gemara* genannt. Von dieser Absicht ausgehend bildete der Sprachgebrauch in den Schulen d. Z. W.

גָּמַר eigtl. lernen, dass es גמרא sei, d. h. gründlich studiren mit Berücksichtigung aller, wenn auch zuweilen überflüssig scheinender Erörterungen. Am deutlichsten ist diese Bed. ersichtlich in dem öfters gebrauchten Satze (Beza XXIV, a., Ab. sar. XXXII, b. u. ö. גְּמָרָא גְמוֹר וּזְמוֹרְתָּא תְּהֵא »Mit der Gemara (dem Studium) nimms genau, soll sie ein Lied sein?« d. h. wie wir sagen würden: Soll sie nur so hergeleiert werden? Dieses schulmässige Studium ging über Alles, so dass man von R. Jochanan sagte: (Er. LIII a.) לֵב כָּל אֶחָד וְאֶחָד וְאָחָז וְחָכְמַת כָּל אֶחָד וְאֶחָד נָמַר, גְּמָרָא לֹא נָמַר »Die Gedanken und die Weisheit aller seiner Schulgenossen hat er gelernt, Gemara hat er nicht gelernt.« Daher hiess גְּמָרָא גְמִירֵי ein ausgemachter Satz, soviel wie הִילְכְתָא, wie aus dem Vergleich dieser beiden Ausdrücke Sabb. XCVI, b. u. XCVII, a. hervorgeht. Ja, er stand noch höher als die alten Halachoth, daher rühmte R. Nachman von sich und R. Schescheth, sie hätten gelernt הִילְכְתָא, סִפְרָא, סִפְרֵי וְתוֹסַפְתָּא. וְכוּלֵּי גְמָרָא Scheb. XLI, b. Auch heisst גְּמָרָא die Führung eines Beweises aus einer Schriftstelle, die aber eine sehr künstliche Auslegung ist. So Sabb. CXLIX. a. und Kid. LXIX, a. מַאי גְמָרָא »Wie liegts in der Schrift?« Endlich heisst es dann geradezu: *lernen*, Joma XXIX a מִגְּמַר בַּעֲתִיקְתָּא קָשֶׁה מֵחַדְתָּא »Altes lernen ist schwieriger als Neues.« Chol. XLV, b. אַגְמְרָךְ גְמָרָא »Ich will dich eine Regel lehren« u. וְלִיגְמַר מִנֵּיהּ wird gleichbedeutend mit וְנֵילִיף מִנֵּיהּ »Man könnte eins aus dem andern herleiten« gebraucht.

גרם

גָּרַם den. v. גַּרְמָא. גִּרְמָא *Knochen*, hebr. das Fleisch v. d. Knochen abziehen. Zef. 3, 3. Pi. Nu. 24, 8. abnagen, thalm. übertr. *sich mit magerer Geisteskost*, gleichsam mit Knochen *begnügen*. B. b. XXII, a. אַמְדְּנַרְמִיחוּ גְרַמֵי בֵּי אֲבָיֵי »anstatt dass ihr Knochen abnaget bei Abaji.« Vieil. heisst הַגְרָמָה Chol. IX, b. den Knochen des Unterkiefers (beim Schlachten) berühren, dah. d. Erkl. d. Gem. מִשְׁפּוּיֵי כֹּבַע וּלְמַעְלָה.

גֶּרֶם od. גֶּרֶם def. גַּרְמָא eigtl. Knochen, dann wie hebr. עֶצֶם *Leib, Körper, Wesen*, dah. *selbst* Sabb. XXXVIII, b. לְגַרְמֵיהּ הוּא דַּעֲבִיד »für sich selbst hat er es gethan« u. ö.

גָּרַם II thalm. *verursachen, veranlassen, vermitteln, verschaffen*. B. K. LXXI. b. דָּבָר הַגּוֹרֵם לְמָמוֹן »eine Sache, die Geld schafft.« Ber. XX b. u. ö. מִצְוָה שֶׁהַזְּמַן גְּרָמָא Eine Pflicht, zu welcher eine bestimmte Zeit die Veranlassung giebt (d. h. die zu einer andern Zeit nicht geübt werden kann.) B. K. CXVII, b. דִּינָא דְגַרְמֵי *Rechtssache*, bei welcher der Verklagte nur mittelbar der Schuldige ist. Die Etymologie des W. ist dunkel, die Vermuthung Sachs' (Beitr. I, 133.) es mit אַמָּה גְּרוּמָה Sch. LXII, b. *genaue Elle*, dies. v. groma u. dies. v. γνώμων herzuleiten, dürfte zu gewagt scheinen.

גִּירְסָא auch גְּרָסָא, Da es so viele Arten des Lernens gab, welche in der Schule von einander zu unterscheiden waren, so musste man zu fremden Sprachen seine Zuflucht nehmen, u. so erhielt das griech. γῆρυς *Stimme, Laut, Schall* das thalm. Bürgerrecht in seiner ursprüngl. Bed. ein *blosses Hersagen mit dem Munde* Sabb. XX b. גִּירְסָא דְיַנְקוּתָא Das Aufsagen in der Jugend, XXX b. לֹא פָסַק פּוּמֵיהּ מִגִּירְסָא »Sein Mund stand nicht still von Aussprechen« B. b. XXII a. Daher nachthalmud. ב׳ *Lesearl*, als Randbemerkung sehr häufig.

גָּרַס den. v. גִּירְסָא gr. γηρύω aufsagen, wird unterschieden v. דָּיֵק (s. d.) ausdrucks- und verständnissvolles Aussprechen, B. b. XXI a. מַחְתְּבִינַן דְּדָיֵיק וְלֹא גָרֵיס »Soll man (bei Anstellung eines Lehrers) einen vorziehen, der den Sinn gründlich erforscht, aber nicht deutlich ausspricht?«

ד wechselt mit ז שָׁדְרָה neb. שְׁזָרָה.

דְ Abkürzung v. דִי aram. pron. relat. *welcher, welche, welches* u. zur Bezeichn. des Genit. sowie der übrig. Bedd. desselb. דָא (msc. דָן) aram. pron. dem. f. u. n. im Th. u. danach in den Targg. meist הֲדָא wie syr. ܗܳܢܳܐ ; dem Th. eigenthüml. ist noch die Form עֲדָא Pes. LIII b., sie scheint bes. zur stärkern Hervorhebung zu dienen B. m. LX a. עֲדָא אוֹמְרַת: כָּל בַּאֲמַת הֲלָכָה הִיא pl. עֲדֵי Git. XLV. a. עֲדֵי גוּבְרִין »*diese da* sind Männer;« Men. XXXIV a עֲדֵי פָצִימוֹ »*diese da* sind seineBretter;« dagegen scheint es Git. XXXI b unten עֲדֵי סוּרָאָה für הֲרֵי zu stehen »*siehe da*, ein Syrer.«

דָּבָר hebr. pl. ים *Wort, Sache* in allen Bedd. wie in der Bibel gebraucht, dem Th. eigenthüml. ist d. Bed. *Meinung*, Ansicht in der häufig. Redensart der Mi. פ׳ דְּבָרָי׳ da es hierbei stets auf die Lehrmeinung ankommt.

דְהָא aus דִי u. הָא *denn siehe*, Causalpartikel, *weil*. dav. eine gedehntere Form דְהַיְינוּ, das, was dieses ist, d. i. *nämlich*.

דּוּגְמָא gr. δόγμα (jed. nicht in dem Sinne gebraucht wie dies sbst. i. griech. sond. anschliessend an δοκεῖ, wie es scheint) *Schein* Adj. 5, 6. דּוּגְמָא הִשְׁקוּהָ. *Schaustück* beim Krämer, Sabb. 10, 1. הַמַּצְנִיעַ לְדוּגְמָא *Probe*, Muster, Taan. XXIII a. וְצָרְרוּ מֵהֶם לְדוּגְמָא.

דּוּן hebr. *richten* in der Bibel nur v. Richter, Rechtsache führen, Sanh. 7, 5. דָּנִין אֶת הָעֵדִים mit den Zeugen verhandeln. Rechtsspruch thuen, strafen, im Th. u. daher auch in d. Targg. *Process führen*, den eigenen, *sich der Rechtssache eines Andern annehmen*, Ni. gerichtet werden, Ab. 3, 15. Part. נָדוֹן (wie hebr. נִשְׁפָּט) mit Jmd. eine Rechtssache haben. דָּן die einmalige Thätigkeit des Richters übernehmen אַל תְּהִי דָן יְחִידִי, dag. דַּיָּין der Richter von Amtswegen, *beurtheilen* überhaupt Ab. 1, 6. הֱוֵי דָן אֶת

כָּל הָאָדָם לְכַף זְכוּת. Der Schulsprache eigenthüml. ist die Bed.: einen Schluss (קל וחומר) machen, d. h. die gesetzlich ausgesprochene Bestimmung eines Gegenstandes auf einen andern, der mit jenem Etwas gemeinschaftlich hat, übertragen. Die urspr. Bed. v. דִין *Gottesurtheil*, wird durch eine vergleichende Gedankenoperation fortgesetzt und in Form einer Folgerung nachgewiesen, dass dasselbe Urtheil auch bei dem Gegenstande, bei dem es in der Schrift nicht ausgesprochen, gelte. Pes. 6, 1. עָלֶיהָ אֲנִי דָן.Ursprüngl. mag das W. nur von dieser Art zu schliessen, welche selber דִין (s. d.) hiess, gebraucht worden sein, dann wurde es auf jede Art von Schluss übertr., dah. Pes. LXVI a דָן גְּזֵרָה שָׁוָה »nach Analogie schliessen.« Zum Bilden solcher Schlüsse scheint es besondere Gelehrte gegeben zu haben, dah. Sanh. XVII b. שִׁמְעוֹן הַתֵּימָנִי דָן לִפְנֵיהֶם u. נִין לִפְנֵי חֲכָמִים, deren das. 5 aufgezählt werden. Nach Ra. hätten diese eine mehr untergeordnete Stelle eingenommen, da sie nicht zu entscheiden, sondern nur den zu behandelnden Stoff zu formiren gehabt hätten, sie wären also mit unseren Referenten zu vergleichen.

דִין s. m. in allen bibl. Bedd. im Tb. noch bes. Gericht, Rechtssache, daher in folgenden Verbindungen בַּעַל דִין *Partei*, Ab. 4, 21, בֵּית דִין der Gerichtshof, פְּסַק דִין Urtheil in Geldsachen, גְּזַר דִין Urtheil in Strafsachen, עִנּוּי דִין Verzögerung der Gerichtsverhandlung, עִוּוּת דִין Verdrehung des Rechts. Für den Schulgebrauch war דִין das Uebertragen eines biblischen Gesetzes von einem Gegenstand, bei welchem es ausgesprochen wurde, auf einen andern, damit verwandten, bei dem es nicht ausgesprochen wurde. Das Verhältniss zu einander wurde als קַל וָחוֹמֶר »leicht und schwer« aufgefasst und dann der Schluss (דִין) gezogen: Wenn bei dem Leichten dieses Schwere gilt, so muss es bei dem Schweren in einem noch höhern Masse, mindestens aber ebensoehr gelten. דַּיּוֹ לַבָּא מַן הַדִּין לִהְיוֹת כַּנָּדוֹן und umgekehrt: Wenn

דלמא 17 דק

beim Schweren dieses Leichte gilt u. s. w. Das Leichte und Schwere zu entdecken war eine reine Verstandesoperation u. hing von der Auffassung desjenigen ab, der sie machte. Das, was als הוֹמֶר aufgefasst wird, hiess auch דִּין (das Abzuleitende), und der Gegenstand, wobei es vom Gesetze ausgesprochen ist, heisst מְלַמֵּד (der Lehrer). Das aus dem Schlusse Hervorgehende hiess בָּא מִן הַדִּין und der Gegenstand, auf den dies übertragen wird, heisst לָמֵד (der Lehrling). Der erste Satz heisst תְּחִלַּת דִּין oder עִיקָר, der zweite Satz סוֹף דִּין. Die ganze Operation hatte nur Werth für die Schule, und blieb ohne Einfluss auf die Praxis, was schon durch die Sätze אֵין עוֹנְשִׁין מִן הַדִּין »Auf Grund eines Schlusses darf kein Strafurtheil erfolgen« und אֵין דָּנִין קַל וָחוֹמֶר מֵהֲלָכָה »Eine in Praxi feststehende Gesetzesbestimmung kann nicht verwendet werden, um von ihr auf eine noch nicht feststehende zu schliessen.« Sabb. CXXXII, a. Nasir LVII, a. אֵין דָּנִין דִּבְרֵי תוֹרָה מִדִּבְרֵי סוֹפְרִים וְלֹא דִּבְרֵי סוֹפְרִים מִדִּבְרֵי תוֹרָה וְלֹא דִּבְרֵי סוֹפְרִים מִדִּבְרֵי סוֹפְרִים. »Es dürfen keine Schlüsse gemacht werden von biblischen Sachen auf rabbinische und umgekehrt, auch nicht von rabbinischen auf rabbinische Sachen« Jad. 3, 2. sich ergiebt. Nur zum Verständniss des Th. muss man diese Formel kennen.

דִּלְמָא u. דילמא aus דְּ u. לְמָא (s. d.) syr. ܕܠܡܐ, was ebenfalls aus ܕ ܠܡܐ u. dieses wieder aus ܠܡܐ entstanden, eigtl. dass es so, wobei hinzuzudenken: giebst du zu? dann: vielleicht. Die Meinung Sachs' (Beitr. I, 102), dass es aus דילמימר entstanden, ist zu gekünstelt, da es aus dem Syr. sich genugsam erklärt.

דְּמַאי, od. wie es gewöhnl. aber schwerlich richtig gesprochen wird דָּמַאי, bezeichnet alle Felderzeugnisse, welche von Personen gekauft werden, denen man nicht das Vertrauen schenkt, die darauf haftenden gesetzlichen Naturalabgaben entrichtet zu haben, und die daher der Gewissenhafte nachträglich entrichten soll. Dass das Wort in der Schule gebildet, sieht man ihm an; die bereits v. Ar. u. a. angeführte Ableitung des Wortes von מַאי דֵּן od., wie die spätern Erkll. dafür sagen דָּא מַאי=Was ist das? ist errathen u. schwerl. richtig Ebenso sind die beid. andern v. Ar. angeführten Erkll. zu sehr gekünstelt. Dagegen hat die Vermuthung v. Schönhak, dass es von δῆμος od. richtiger v. adj δήμιος gebildet sei, viel für sich, da es der ältesten Zeit des Th. angehört, als das Griechische noch stark im Gebrauch war, u. das W. ja eigentlich sagen will: was vom Volke kommt שֶׁל עַם הָאָרֶץ. Indess lässt es sich doch auf eine hebr. Abstammung zurückführen. Das Ex. 22, 29. gebrauchte W. דָּמַע v. דֶּמַע fliessen, ar. دمع dass., wov. דִּמְעָה Thräne bed. das Fliessende, d. i. der Ertrag der Kelter u. Oelpresse, was Them. IV, a als Priesterabgabe erklärt wird: וְדִמְעֲךָ זוּ תְרוּמָה was Moses v. Pontoise in Tos. richtig gegen Ra. erklärt. Man bildete nun daraus ein neues v. דָּמַע u. s. דָּמוּעַ mit d Begr. mischen, gemischt sein, erlaubte Erzeugnisse mit unerlaubten Abgaben. Daraus wurde dann דְּמָאי für דְּמָעַאי das mit Mischung Behaftete, zur speciellen Bezeichnung dessen, worauf der Verdacht des Gemischtseins ruhte. Es steht im Gegens. zu וַדַּאי das, von dem es gewiss ist, dass die Abgaben nicht entrichtet sind. Sabb. 2, 6.

דָּאם, דּוּם, רָמַם, דָּמָה. Wie im Hebr., wo die ersten 3 Formen ebenfalls mit einander wechseln, werden alle im Thalm. ohne Unterscheidung gebraucht, dazu Pa. דַּיֵּים Ithpeal אִידְּמֵי für אִתְדְּמֵי gleich, ähnlich sein, vergleichen, denken Pa. Jeb. LXIX b. דַּיְּימֵי מֵעַלְמָא Schlimmes denken, verdächtigen. Ethp. sich stellen. Der Schule angehörig ist die Redensart הֵיכָא דָּמֵי zu beachten: Wie hat man sich das zu denken, wie ist's aufzufassen? Des häufigen Gebrauches wegen meist abgekürzt ה״ד.

דָּמִים nur pl., eigtl. das allen Dingen Gleiche, das Ausgleichende, dah. Geld, Werth.

דַּק (zu דָּקַק wie zu רוּק gehörig) hat im bibl. Hebr. nur d. Bed. dünn, fein sein; also einen Zustand bezeichnend; aber in allen Diall. syr. ܕܩ, aram. דְּקַק ar. دَقَّ

דוּקָא

(in der Bed. schmecken) wird die geistige oder auch sinnliche Thätigkeit aufgefasst, also *fein finden*, daher *anschauen, betrachten, unterscheiden*. (Viell. ist es daher auch richtiger nach cod. samar. Gen. 14, 14. zu lesen וַיְדֻק אֶת חַיָּכָיו er inspicirte seine Geübten.) Die Targg. geben אוֹדֶק mit הַגִּיעַ u. הַשֶּׁכֶף, als ob d. W. ידק wäre. (Gen. 18, 16. Jes. 14, 16.) Im Th. Pa. דַּיֵּיק sehr häufig *genau nehmen, wohl aufmerken* bes. auf den Sinn, im Ggs. zum Worte. B. b. XXI. מִקְרֵי דָרְדְקֵי הַד גְּנָם וְלֹא דָיֵיק וְחַד דָּיֵיק וְלֹא גְּרָם. »Zwei Lehrer, von denen einer deutlich spricht aber nicht gründlich versteht, einer gründlich versteht aber nicht deutlich spricht.« So oft daher die Gem. eine neue Auffassung der Mi. gefunden, die bei näherer Beobachtung darin angedeutet sein soll, vermerkt sie dies mit der Phrase דַּיְקָא נַמִּי »Schaue auch!« Davon auch:

דּוּקָא adv. eigtl. aufgeschaut! *streng, buchstäblich, ernstlich*, der Ggstz. wird meistens mit לָאוּ דַוְקָא aber zuweilen auch mit כְּדִי (w. s.) *nebenbei* ausgedrückt. Kid. IV, b.

דִיוּקָא. So heisst die mit דַּיֵּיק ausgedrückte Gedankenoperation, die *Inbetrachtnahme*. Es wird damit ausgedrückt, ein Wort oder Satz einer Mi. oder Bar. sei so zu verstehen, dass sich das Entgegengesetzte daraus folgern lässt, dass also eine Bejahung eine Verneinung und umgekehrt einschliesse. Doch wird nicht immer der absolute Gegensatz von »ja« und »nein« damit gefordert, sondern auch eine beschränkende oder theilweise Geltung des Wortsinns. Aber es ergiebt sich häufig, dass bei dieser Auffassung die Mi. selbst sich widersprechen würde; so wird B. m. XXXIV, a. der Satz der Mi. שִׁלֵּם וְלֹא רָצָה לִשָּׁבַע »Wenn er (das ihm übergebene Thier oder Geräth, nachdem es abhanden gekommen) bezahlte, weil er nicht schwören wollte« (dass es nicht durch sein Verschulden abhanden gekommen) so verstanden: שִׁלֵּם אִין לֹא שִׁלֵּם לֹא »Wenn er zahlte — ja (dann muss der später ertappte Dieb die Strafe ihm zahlen); wenn er nicht zahlte — nicht.« Hier

besteht die strenge Auffassung דִיוּקָא darin, dass aus Zahlen Nichtzahlen gefolgert wird. Dagegen wird aus dem Schlusssatze der Mi. נִשְׁבַּע וְלֹא רָצָה לְשַׁלֵּם der Gegensatz so gefolgert טַעְמָא דְּלֹא רָצָה אֲבָל רָצָה א"ע"פ דְּלֹא שִׁלֵּם. »Nur wenn er nicht wollte (erhält er die Strafzahlung nicht), sobald er aber wollte (erhält er sie), auch wenn er nicht zahlte.« Es würde also der Schlusssatz dem vorhergehenden widersprechen. Daher gibt die Gem. die ganze Folgerung auf: מַהָא לֵיכָּא לְמִשְׁמַע מִינֵיהּ. Dennoch werden beide Folgerungen gemacht B. k. CVIII, a., nur wird der Fall dahin abgeändert, dass der Hüter, obwohl er geschworen, dennoch bezahlt hätte. (S. Tos. z. St.)

An einer andern Stelle Kid. V, b. wird in einer solchen Folgerung, die einen Widerspruch ergeben würde, dieser dadurch beseitigt, dass nur die eine als giltig erklärt, von der andern aber gesagt wird כְּדִי נָסְבָה »der Ausdruck der Bar. sei nur so mitgenommen, also bedeutungslos, es dürfe Nichts daraus gefolgert werden.« Doch beruhigt sich die Gem. nicht dabei, und um beide Folgerungen aufrecht zu erhalten, legt sie ein neues Moment hinein: נַעֲשָׂה כְּמִי שֶׁאָמְנָה הִיא וְאָמְרָה הִיא — Wie unsicher diese Folgerungen sind, bemerkt schon Ra. Sabb. CXXI, a. Stw. למשמע מניה »Die Mischnah ist nicht ganz im strengen Sinne zu nehmen, sondern nur ein Theil derselben, entweder der erste oder der letzte, und ein Theil sei nur des Parallelismus wegen so ausgedrückt, wir wissen aber nicht, welcher Theil streng zu nehmen.« Ebenso Meg. XXII, a. u. XXVII, a. und noch an andern 17 Stellen, sämmtlich verzeichnet. Ber. XXV, a.

Bei einigem Nachdenken ergiebt es sich von selbst, dass alle diese Folgerungen auf Willkühr beruhen und nur als Verstandesübungen anzusehen sind; denn es ist logisch ganz falsch, dass aus jeder Behauptung die Verneinung ihres Gegensatzes gefolgert werden könne. So wenn ich sage: A schläft, so folgt daraus nicht: aber B schläft nicht. Verschiedene Dinge und Personen stehen niemals in absolutem Gegensatz. Selbst eine und dieselbe Person ist durch eine von ihr ausgesagte Thätigkeit nicht von einer andern ihr entgegengesetzten ausgeschlossen. Durch die Behauptung: Wenn es regnet, geht A nicht aus, folgt noch nicht, dass, wenn es nicht regnet, A ausgeht. Zuweilen gründen sich solche Folgerungen auch auf Nebenumstände. So Beza XXVII, b. wird aus dem Umstande, dass über חַלָּה בְּהֵמָה u. חַלָּה gleichzeitig gefragt wird, gefolgert, dass von einem geheiligten Thiere die Rede sein müsse. In diesem Sinne nahm die Gem. auch nur das Wort: דְּקְדוּק Succ. XXVIII, a. דִּקְדוּקֵי תוֹרָה דִּקְדוּקֵי סוֹפְרִים u. Bechor. XXX, b. דִּקְדוּק אֶחָד מִדִּבְרֵי סוֹפְרִים »die aus gründlicher Forschung hervorgehenden, gesetzlichen Bestimmungen.« In der nachthalm.Periode hiess es dann *Wortforschung*, und von der spanischen Schule her wird es allgemein für *Grammatik, Sprachlehre* gebraucht.

דִּיָתִיקָא auch דְיַיתִיקָא, auch syrisch ܕܝܬܝܩܐ ist das gr. διαθήκη *Anordnung, Disposition, Testament*, ein der Mi. noch angehöriges Wort. Moed katan 3, 3. B. m. 1, 3. Wenn dies die Gem. XIX, a. mit דָּא תְּהֵי לְמֵיקַם »dies sei zu halten« erklärt, so hat sie damit den gr. Ursprung des Wortes weder leugnen noch unterdrükken wollen; denn überall, wo ihr ein solcher bekannt war, weist sie gern darauf hin; aber das נְטַרִיקוֹן — Erklären der Buchstaben eines Wortes als Abbreviaturen — war Schulsache, und wo es sich sinnentsprechend anwenden liess, da geschah es.

דרס thalm., entsprechend dem hebr. דָּרַךְ *treten*, hat ausser dieser Hptbed. in der Schule drei neue Bedd. erhalten: a) *Anfallen* eines Raubthiers, wodurch ein zum Genusse erlaubtes Thier verboten wird. Chol. 3, 1. זְאֵב, LII, b. ff. b) *Schlachten* durch Druck von oben nach unten, das. XXX, a. u. b. c) Bewegung eines Gegenstandes durch einen Unreinen, wodurch jener auch unrein wird. Diese Unreinheit selbst heisst מִדְרָם Nid. XLIX, a.

דָּרַשׁ hebr. tr. eigtl. *zertreten—reiben* (wie trg. דָּרַם syr. ܕܪܫ, ar. درس in sinnl. Bed.) Im Gebrauche: *eindringen* (in eine Sache od. Jmd.) *suchen, nachsuchen, erforschen, ergründen*, thalm. *in die geschriebene Lehre eindringen* in der Absicht, das mündlich überlieferteGesetz הֲלָכָה, oder auch Anderes, da alles Wissenswerthe darin versteckt enthalten angenommen wurde, herauszufinden. Die erste, historisch nachweisbare Spur dieser Thätigkeit fällt unter Esra. Esra 7, 10. כִּי עֶזְרָא הֵכִין לְבָבוֹ לִדְרֹשׁ ; das. 10, 16 ist לִדְרוֹשׁ הַדָּבָר אֶת חוֹרַת ה׳ wohl dahin zu erklären, dass man die Pflicht Ehen mit Nichtjüdinnen zu trennen aus der Thorah nachzuweisen suchte. Bleibende Resultate dieser Thätigkeit liegen zuerst vor in der Mischnah. In voller Blüthe ist sie unter R. Akiba, der die einzelnen Buchstaben, ja nach dem Midrasch sogar die Verzierungen der Buchstaben כְּתָרֵי אוֹתִיּוֹת deutete, indem er Lehrsätze daran knüpfte. Vgl. Ab. s. XXIX, b. עַל כָּל קוֹץ תִּילִין שֶׁל הֲלָכוֹת u. Er. XXI. b. Es gab von da an eine doppelte Auffassung der Bibel, eine in dem Sinne, den die grammatische und logische Bedeutung der Wörter ergab, und der פְּשָׁט (s. d.) genannt wurde, und eine andere, welche die einzelnen Elemente derselben zu Trägern von überlieferten anderweitigen Lehren und eigenen Meinungen machte. דְּרָשָׁה hiess zuerst diese Beschäftigung und Methode, nachthalm. auch דָּרַשׁ u. דְּרוּשׁ genannt; dann hiess דְּרָשָׁה auch der öffentliche Vortrag, dessen älteste Formen uns im מִדְרָשׁ (s. d.) aufbewahrt sind.

ה

ה wird in vielen thalm. substt. als Bildungsbuchstabe gebraucht, wie הֶקְדֵּשׁ, הֶכְּפֵּר, הַגְבָּהָה, הַגָּרָה, הַפְטָרָה, הֶתֵּר u. v. a.

הָא pron. dem. *dieses*, Ber. IV, b. הָא רְקָא אָמְרֵי, das, was sie sagen, הָא וְהָא *dieses und jenes*, B. b. XLVI, b., הָא רָאַיְיקָא

פֵּירֵי בְאַרְעָא וְהָא דְלִיקָא קְרָרֵי בְאַרְעָא; für *er* u. sie wird d. hebr. הוּא u. הִיא meist gebraucht, auch für n. וְהוּא u. *dieses.* Dazu die gedehnten Formen הַאי u. הַיָּיא w. s.

הָא Interj. syr. ‍הֹ‍ ‍, hebr. הָא, הֵן, הִנֵּה siehe! Sabb. CXXXV, b. הָא אִתְּמַר »siehe! es ist gesagt,« Bez. X, b. הָא אַחֲרִינֵי נִינְהוּ »es sind ja andere,« meist mit dem folgenden Worte zusammengezogen in הָ. הָאִיכָא, הַתַּנְיָא, הָאַמְרָהּ 2. in einem Fragesatze zur Hervorhebung des Gegentheils *aber, dagegen,* Sabb. LIII, a. לְרִ' ה' הוּא דְלָא הָא כָּתַצֵר שַׁפִּיר דָּמִי »in die Freiheit der Menge, da nicht, dagegen in den Hof, wäre es zulässig?« B. m. XIX, a. טַעְמָא דְלָא אָמַר הָא אָמַר »Weil er nicht gesagt hat, hat er aber gesagt.«

הַאי syr. ‍ ‍ ‍הֹ‍ ‍ gedehnte Form des pron. dem. הָא *dieser, diese, dieses* Ber. XL, b. הַאי נַרְקֵס *diese Narcisse.* הַאי מַאן *derjenige, welcher, das.* הַאי‏...‏וְהַאי *der eine und der andere.* הַיָּיא emphat. gedehnte Form v. הָא Scheb. XLIII, b. אֲהַיָּיא Auf was? B. m. XXXIX, a. mit נוּ verbnd. הַיֵּינוּ *das ist.* הַבַּאי. So lautet das W. in der Mi. Ned. 3, 3., wofür aber die Gem. stets הַוַּאי hat, Chol. XC, b. 4mal, ar. هَوَى hauchen u. هَوَاء eitles Gerede. In den Targg. הוֹבָאי geschr. Die Verhärtung des ו in ב mag in der Verwandtschaft der Bed. des W. mit הֶבֶל ihren Grund haben. נִדְרֵי הַבַּאי und שְׁבוּעוֹת הַבַּאי Gelübde u. Schwüre, die zum Spass, als leeres Gerede gesprochen werden. Wohl zu unterscheiden von dem Schulworte הֲוָה s. w. u.

הֶדְיָא adv. nur mit vorgesetztem ב u. ל. *ausdrücklich, deutlich, offenbar.* Ber. XXXV, a. u. o. Das W. ist der Gem. eigenthümlich. Die Ableitung v. *ἴδιος* passt nicht, ist auch an sich unwahrscheinlich. Es ist vielmehr auf d. syr. ‍ ‍ ‍ ‍ ‍ Pa. ‍ ‍ ‍ ‍ ‍ führen, leiten, ar. هَدَى zurückzugehen, also eigentl. geführt d. h. *sicher, deutlich.*

הֲוֵי I ganz dem hebr. הָיָה entsprechend u. in allen seinen Bedd. gebraucht. Dagegen ist das der Schule angehörige הֲוָא II auf das ar. هَوِيَ *begehren,* erstreben, lieben zurückzuführen. Die häufig gebrauchte Redensart רוֹיְנַן בה Beza XXXVIII, a. ist zu übersetzen: *wir haben erörtert, erwogen, untersucht.* Ebenso die Frage מַאי הָוֵי עֲלַהּ »Was hat sich dabei ergeben?«

הוֹאִיל conj. nur der Gem. angehörig, *weil, da doch,* sehr häufig, Ableitung dunkel.

הֲוָיָה v. הֲוָא I *das Sein.* Kid. V, a. *Verbleiben.*

הֲוָיָה v. הֲוָא II Succ. XXVIII, a. *Untersuchung, Forschung* הַוְיוֹת דְּאַבַּיֵי וְרָבָא.

הֵיךְ aram. wie hebr. אֵיךְ, im Th. הֵיכָא wie hebr. אֵיכֹה, syr. ‍ ‍ ‍ ‍ ‍ ‍ ‍ ‍ ‍ auch: הֵיכִי הַיָּא Ab. s. XXIX, b. Ber. XXXVIII, b. Vergleichungspartikel, *wie, sowie, gleichsam.* הֵיכָן Fragepart. *wohin.* Sanh. XCIII, a.

הֵילָךְ ctrh. aus הֵא־לָךְ *hier hast du, da ist* B. m. IV, b. הֵילֵךְ adv. d. Richtung *dahin* הֵילֵךְ־הֵילָךְ *dahin u. dorthin,* Sanh. 7, 2.

הָכָא adv. des Ortes *hier, da.*

הָכִי adv. der Art u. Weise, *so.*

הַלָּה pl. הַלָּלוּ pron. dem. Die uralte Partikel הַל, deren ל im hebr. Artikel stets mit dem folgenden Bchstb. assimilirt wird, im ar. ال lautet, und noch in den hebr. WW. הֲלוֹם־הַלָּאָה zu erkennen ist, tritt hier noch deutlicher hervor, der sing. *jener* auch in d. Mi. B. m. 3, 2. הַלָּה עוֹשֶׂה סְחוֹרָה, »jener macht Geschäfte,« der pl. der wohl aus הַל־אֵלּוּ zusammengezogen ist, in d. Gem.

הַלְוַאי s. לְוַאי.

הַנֵּי pron. dem. m. pl. wie hebr. הֶם *diese, jene,* whrschl. aus הֵן gebildet u. י als Zeich. des pl. angehängt, nur der Gem. angehörig, besd. häuf. הַנֵּי מִילֵי, verstärkte Form הַנְהוּ *diese da.*

הֲנִיחָא s. נִיחָא.

הֶסֵת s. u. סות.

הַפְסָקָה s. פסק.

הַפְקָדָה (v. קָדַשׁ w. s.) Das Geweihte, dem Heiligthum Eigene, Verfallene, *Fiscus des Tempels*.

הֲרֵי Interj. wie hebr. הִנֵּה, aram. אֲרוּ Dan. 7, 2. 7. 13. siehe! Das הֲרֵי B. k. 1, 1. als sbst. gebraucht, liesse sich recht gut auf das syr. ‎ܗܳܫ schaden, beschädigen zurückführen u. mit *Schaden* übersetzen; allein da d. Gem. VI, a. diese Stelle anführt לֹא רְאִי זֶה כִּרְאִי זֶה »Nicht der Anblick des einen ist gleich dem des andern« d. h. *die Art u. Weise* des einen etc., so scheint sie הֲרֵי wie hebr. רָאָה verstanden zu haben, wie wir deutsch beide Wörter mit »siehe« wiedergeben.

הַשְׁתָּא adv. d. Zeit ctrh. aus הָא שַׁעְתָּא *diese Zeit, jetzt.* אִיכוּ הַשְׁתָּא *beinahe, es hätte nicht viel gefehlt*. Bez. IV, b. הַבִי הַשְׁתָּא eigtl. ists so hier? Ausdruck der Verwunderung, wenn zwei ungleiche Dinge einander gleichgestellt werden, gewhnl. *das ist etwas Anderes*. Ber. XXI, a. u. ö. הֲתֵירָא u. הֵיתֵר s. u. נתר.

ו

ו wird wegen des Mangels der Vokalzeichen häufig im Th., wenn es Konsonant sein soll, doppelt gesetzt: וְוָלָד für וָלָד, וְיָקָר für יָקָר, doch variiren die Ausgg. darin sehr. Im Gebrauche des ו schliesst sich d. Th. dem arabischen Sprachgebrauche enger an, indem die hebr. verba פ"י häufig als פו behandelt werden, z. B. ורה. וכה. ולד. — וּ hat in Mi. zuw. d. Bed. v. אוֹ *oder*, was aber auch in d. Bibel vorkommt. Ex. 21, 16. Ausserd. kann es fast jede Conj. vertreten.

וַדֵּי Pael (hebr. יָדָה bekennen); dav.

וַדַּאי s. adj. u. adv. eigtl. das Bekannte, Zugestandene =*gewiss*, Sabb. 2, 6. das gewiss (nicht verzehntete) אֵין מְעַשְׂרִין אֶת הַוַּדַּאי Hor. VII, a. אָשָׁם וַדַּאי Schuldopfer wegen einer gewiss (begangenen Sünde) im Ggs. z. תָּלוּי א׳. לִירֹות וַדָּאוֹת Kerit. 1, 7. Ggs. סָפֵק. Als adv. auch כְּוַדַּאי gewiss. Das W. gehört ganz der Schule an für Sachen, die sich auf Opfer und Priesterabgaben beziehen, während für Rechtssachen בָּרִי gebraucht wird.

וָלָד In der Bib. nur einmal Gen. 11, 30., sonst immer יֶלֶד Kind, Spross, Nachkomme. Im Th. durchweg für fœtus. Dann als Schulausdruck für eine, von einem Menschen auf eine Sache übertragene Unreinheit וָלָד הַטּוּמְאָה Pes. 1, 5. u. וָלָד שֶׁל וָלָד XIV, a.

וָתִיק adj. v. וָתַק, welches im Targ. Jon. 1. Kön. 19, 11. für מְפָרֵק gebraucht wird, also zerstäuben, dah. Einer, der es sehr genau nimmt, *scharfsinnig* תַּלְמִיד וָתִיק jer. Chag. 1, 8. וָתִיקִין Ber. XXV. b. u. ö. Eine Sekte, die es mit der pünktlichen Erfüllung des Gesetzes sehr streng nahm.

וִתֵּר u. וַתֵּר (v. יָתַר) freigebig sein, dav. וַתְרָן Freigebiger. Meg. XXVIII, a.

ז

זְבוּרִית vielleicht richtiger זַבּוּרִית eine schlechte Sorte von Grundstücken. Git. 6, 1. v. lat. sabura, Sand.

זוּג sbst. m. pl. זוּגוֹת, der ältesten Mi. angehörig v. gr. ζεῦγος Paar, bes. von zwei zusammengehörigen Personen. Rosch hasch. 2, 6. *Paar v. Zeugen*. Daher werden die in Ab. 1, aufgezählten Mischnahlehrer von Simon dem Gerechten bis Hillel, deren je zwei nebeneinander fungirten. זוּגוֹת genannt. Peah 2, 6. Dann auch für Sachen זוּג שֶׁל סְפָרִים eigtl. das Paar der Scheerer u. Neg. 4, 4. schlechthin זוּג Scheere. Dav. זָוֵוג den. Pa. paaren, ein Paar zusammen bringen. Sot. II, a. אֵין מְזַוְוגִין לוֹ לְאָדָם אִשָּׁה

זָכָה hebr. durchsichtig, rein, lauter sein. Bildl. im moral. Sinne unschuldig, fromm, gut sein, nimmt auch schon im bibl. Hebraism., da wo die Unschuld in Frage gekommen, wie vor Gericht die Bed. Recht behalten, obsiegen an, so Ps. 51, 6. תִּזְכֶּה בְשָׁפְטֶךָ. Im Th., wo Alles in Frage gestellt ist, erhält daher זָכָה d. Bed. siegen, beweisen, im Sinne der Schule, Ber. 1, 5. וְלֹא זָכִיתִי שֶׁתֵּאָמֵר »ich habe nicht beweisen können, dass gesagt werden muss.« Pes. XIX, a. זָכִינוּ »wir haben (nach langer Verhandlung) durchgesetzt.« Nid. XXXVIII, b. כָּהָא וְכִינְהוּ ר׳ אֱלִיעֶזֶר לְרַבָּנָן »Damit hat R. El. den Rabb. es bewiesen.« 2. erreichen, in Besitz gelangen. Jom. 2, 1. כָּל הַקּוֹדֵם זָכָה Kid. 1, 6. כֵּיוָן שֶׁזָּכָה זֶה »Sobald der Eine Besitz ergriffen hat.« Pa. frei sprechen, ein Recht zuerkennen. Bech. 4, 2. זִכָּה אֶת הַחַיָּיב חַיָּיב אֶת הַזַּכַּאי »Wer freigesprochen den Schuldigen und schuldig erklärt den Schuldlosen.« Davon

זְכוּת f. Recht, Vortheil, Genuss.

זָקַק Im bibl. Hebr. nur זַק pl. זִקִּים, Ps. 149, 8., hat im Th. die juristische Bed. obligare binden, in Pflicht nehmen, verpflichtet sein, im Zusammenhange — in Beziehung stehen. Kid. 1, 6. נְכָסִים שֶׁאֵין לָהֶם אַחֲרָיוּת זוֹקְקִין אֶת הַנְּכָסִים שֶׁיֵּשׁ לָהֶם

אַחֲרָיוּת »Güter, die nicht unter Haft stehen (Mobilien) übertragen die Pflicht (zur Eidesleistung) auf Güter, die unter Haft stehen (Grundstücke).« Jeb. 2, 5. זָקֵק אֶת אִשָּׁה אָחִיו לְיִבּוּם »er stellt des Bruders Weib unter Pflicht zur Schwagerehe,« daher heisst ein solches Weib זְקוּקָה לְיָבָם und schlechthin זְקוּקָה. Sabb. XXI, a. קְבָהּ זָקוּק לָהּ »Auch wenn es (das Weibfestlicht) ausgegangen, steht er noch unter Pflicht zu ihm.« Ni. sich mit Jemd. einlassen. Sabb. XII b. אֵין מַלְאֲכֵי הַשָּׁרֵת נִזְקָקִין לוֹ »Die Dienstengel (welche das Gebet Gott vorlegen) bekümmern sich nicht um ihn (der aramäisch betet),« sich begatten, Sanh. CVI, a. לָבִיא וּלְבִיאָה נִזְקָקִין זֶה עִם זֶה. Dah. יִקָּה Jeb. XVII b. Verpflichtung, in dem Sinne, dass sie jede anderweitige freie Verfügung aufhebt. Bechor. 4. 9. כָּל שֶׁיֵּשׁ בּוֹ זִקַּת תְּרוּמָה וּמַעַשְׂרוֹת »Alles, was zu Hebe und Zehnten in Beziehung steht.«

זָרַז thalm. eine Weiterbildung des hebr. אָזַר umgürten (als Zeichen der Mannhaftigkeit), ar. زَرَّ stark sein زَرَّ stark machen, dah. ermuthigen, stärken. Pesach. LXXXIX, a. לְיָרְזָן בְּמִצְוֹת fest, flink, geübt sein, Macc. XXIII, a. אֵין מְזָרְזִין אֶלָּא לִמְזוּרָזִין Dav.

זָרִיז adj. hurtig, flink, aufmerksam, Sabb. XX, a. כֹּהֲנִים זְרִיזִין הֵן Pes. IV, a. Dav. זְרִיזִין מַקְדִּימִין לְמִצְוֹת

זְרִיזוּת f. Beflissenheit (in der Gesetzesübung) Sotah 9 Ende זְרִיזוּת מְבִיאָה לִידֵי נְקִיּוּת.

ח

ח als Kehllaut wechselt auch im Th. mit den andern Kehllauten, wie im Hebr. חָבֵר (pl. חֲבֵרִים) adj. m. חֲבֵרָה (c. חֲבֶרֶת) f. (eigtl. part. dann) sbst. (v. חָבַר I verbinden, vereinigen) Genosse, Freund, im bibl. Hebr. ohne Unterschied mit Guten oder mit Bösen. Im Tb. hat es vorzugsweise d. Bed. Mitglied einer Schule, welche sowohl Gesetzstudium als auch streng gesetzliches Leben zum Ziele hatte, dah. Studiengenosse Ab. 1, 6. קְנֵה לְךָ חָבֵר, Gewissenhafter, Frommer, in diesem Sinne steht es im Gegensatze zu עִם הָאָרֶץ gemeines Volk. Becher. XXX, b. u. a. m Dass חָבֵר u. Gelehrter nicht immer eine und dieselbe Person war, ersicht man aus der Stelle das. הַבָּא לְקַבֵּל דִּבְרֵי חֲבֵרוּת צָרִיךְ לְקַבֵּל בִּפְנֵי שְׁלֹשָׁה חֲבֵרִים וַאֲפִילוּ תַלְמִיד חָכָם וכו׳. »Wer die Genossenschaftspflichten übernehmen will, muss dieses in Gegenwart dreier Genossen thuen, auch wenn er ein Gelehrter ist.« Nur vom זָקֵן וְיוֹשֵׁב בִּישִׁיבָה wird dies nicht verlangt, weil angenommen wird, dass er ohne Uebernahme der Genossenschaftspflichten nicht zu dieser Würde gelangt wäre. Auch war es unter Umständen verschieden, ob man die Aufnahme dem Unterrichte vorangehen liess מַקְבִּילִין וְאַחַ״כ מְלַמְּדִין, oder umgekehrt. Diese דִּבְרֵי חֲבֵרוּת gleichsam Ordensregeln, erstreckten sich, wenigstens soweit sie in der Gem. behandelt werden, vorzugsweise auf eine sehr strenge Beobachtung der Reinheitsgesetze und der Gewissenhaftigkeit in Priester-Abgaben von Bodenerzeugnissen. Doch war es natürlich, dass der Begriff, den man mit חָבֵר u. חֲבֵרוּת verband, zu verschiedenen Zeiten sich verschieden gestaltete, ja, dass gleichzeitige Verbindungen bestanden, die verschiedene Regeln annahmen, deren Mitglieder aber sämmtlich חֲבֵרִים hiessen. Es ist also nicht zutreffend, wenn man, wie Einige wollen, nur Essäer darunter verstehen will. Das W. חבר hat sich in seiner speziellen Bed. bis auf den heutigen Tag erhalten, ja es ist in die arabische Sprache übergangen, wo حَبِيب pl. أَحْبَاب ein jüdischer Gelehrter heisst.

חוב hebr. in d. Bib. nur einm. als sbst. in der selten. Partizipialform חוֹב Ez. 18, 7. Schuldner. Pi. nur 1mal Dan. 1, 10. חַיָּב, syr. حاب, ar. حَبَ gebunden verpflichtet, schuldig sein, thalmud. dass. B. k. 1, 2. הֲבַחְתִּי בְּעַצְמְךָ לְחוֹב בְּעַצְמְךָ Ber. 1, 3. Im Pi. ist d. adjectiv. Partizipialform חַיָּב schuldig im Ggs. v. זַכַּאי od. פָּטוּר sehr stark gebraucht. Das, was Jemand schuldig ist — Ersatz, Geldstrafe, Geisselstrafe, Wanderung ins Asyl, Opfer, Todesstrafe etc. muss meist aus dem Inhalte selbst entnommen und ergänzt werden. Sonst heisst Pi. meist

für schuldig erklären, besonders seine Ansicht in der Schule dahin äussern, so dass der so häufige gebrauchte Satz ר״פּ מְחַיֵּב וְר״פּ פּוֹטֵר heisst: A sagt: schuldig, B sagt: frei. Hithp. sich mit Schuld belasten, הִתְחַיֵּב בְּנַפְשׁוֹ sein Gewissen beschweren. Ab. 3, 7. 8. u. ö.

חוֹב u. חוֹבָה Schuld, Geldschuld, dah. בַּעַל חוֹב Gläubiger, Ket. XC, a. u. ö. Obliegenheit, Pflicht. Nach thalm. Anschauung vorzugsweise die Leistungen, welche das Gesetz dem Menschen Gott gegenüber auferlegt. Das Gesetz liegt wie eine Macht auf ihm, von der er sich befreien muss, dah. der Ausdruck יָצָא יְדֵי חוֹבָתוֹ »aus der Macht seiner Obliegenheit herausgehen,« d. h. das Geforderte leisten. Der spätere Rabbinismus unterschied zwischen ח׳ הָאֵבָרִים äusserlichen Leistungen u. ח׳ הַלְּבָבוֹת Herzenspflichten, zuerst und sehr gründlich thut dies Bachji b. Joseph (11. Jhh.) in seinem arab. geschriebenen Werke dieses Namens.

חוּשׁ hebr. 1) eilen, 2) empfinden. Letztere Bed., d. in d. Bibel nur 2mal vorkommt Hi. 20, 2. Koh. 2, 25., ist aram. u. syr. حش ar. حاشَ die vorwiegende. In der thalm. Schulsprache hat sie aber noch eine grössere Ausdehnung erhalten, in Pa. חַיֵּישׁ eigtl. empfindlich sein, dah. besorgen, Vorsorge treffen, verhüten, daneben auch die Form חוֹשֵׁשׁ u. als wäre חָשַׁשׁ die W. das sbst. חֲשָׁשָׁא. Erub. XIV, a. חָשׁ בְּרֹאשׁוֹ »Wer empfindlich am Kopfe, d. h. Kopfschmerzen hat.« Sabb. CXL, a. חַשִׁי »ich fühlte die Wirkung«, das. חַשׁ בְּיוֹקְרָא דְלִבָּא »an Schwermuth leiden,« das. שׁוּ׳ הָאָדָם קַב אוֹנְקְבִּים וְאֵינוּ חוֹשֵׁשׁ »Der Mensch darf ein oder zwei Mass trinken und hat Nichts zu besorgen.« חַיְישִׁינָן ist ungemein häufig in dem Sinne »wir verbieten das um zu verhüten,« also erschwerend, doch zuweilen auch erleichternd, Sabb. CLI, a. ה׳ שֶׁמָּא חוּץ לַחֲנִינָה לָנוּ S. das. Ra. u. Chag. XV, a. חָשַׁשׁ heisst meist Rücksicht nehmen לְהֶפְסֵד מְרוּבָּה חָשְׁשׁוּ לְהֶפְסֵד מוּעָט לֹא חָשְׁשׁוּ B. m. XXXVIII, b. u. ö. Auch als Ausdruck des Zweifels bei nicht ganz festgestellter Sachlage, Sabb. 16, 7. חוֹשְׁשָׁנֵי לוֹ מֵחַטָּאת »Er kann möglicherweise ein Sündenopfer schuldig sein.«

חָזָה hebr. *spalten, scheiden,* dann übertr. *beschliessen, bestimmen, entscheiden, mit dem Auge scharf scheiden, scharf sehen,* dann gerade zu *sehen.* Diese Bed. ist aram. u. syr. ‎‏ חֲזָא‏‎ die gebräuchlichste, daher überall für hebr. רָאָה, thalm. noch ausser diesen *merken,*Bez. XXVIII, b. חָזִיתִי לְרַעְתִּיהּ »ich merkte seine Absicht.« In der Schulsprache wird das pass. (sowie auch das v. ראה in Mi.) wie das lat. videri gebraucht u. heisst *scheinen, dünken,* dann *gut dünken, geeignet, brauchbar* sein, so häuf. חֲזִי wie רָאוּי. Aber nach Dan. 3, 19. (wo חֲזֵה viell. für חֲזִי steht) brauchte man חֲזָא in der Bed. *taugte, brauchbar sein,* Bez. XXVI, b. אִי רָחֲזוּ לְמָה לֵיהּ הַמִּנָה אִי וְלֹא הָוֵוּ »Wenn sie brauchbar sind« etc. u. dav. Ethp. אִי דְּרָאחֲזוּ בֵּין הַשְּׁמָשׁוֹת אַחֲזוּ אִי דְּלָא אַחֲזוּ לָא אַחֲזוּ, wo אַחֲזוּ für אִתְחֲזוּ zu nehmen, da Aph. hier nicht anwendbar ist.

חֲזָקָה (so pflegt das Wort herkömmlich gesprochen zu werden, obwohl die Nominalform חֲזָקָה wahrschl. die richtige ist) sbst. f. v. חָזַק umbinden, umfassen hat im Th. die besonderen Bedd.*Besitzergreifung,* Kid. 1, 5. *Besitz, Besitzungsrecht,* B. m. XXXVII, a.אוֹקִים מָמוֹנָא בְּחֶזְקַת מָרֵיהּ »Nimm an, das Gut gehört dem, der es jetzt besitzt.« *Voraussetzung* des frühern, naturgemässen Zustandes. Git. 3, 3. Chol. IX, a. בְּהֵמָה בְּחַיֶּיהָ בְּחֶזְקַת אִסּוּר עוֹמֶדֶת »Solange ein Thier lebt, hat es die Voraussetzung (zum Genusse) verboten zu sein.«

חָכָם pl. חֲכָמִים wird in Th. wie d. ar. حَكَمٌ gebraucht, *Richter, Herr,* ist daher Amtstitel, Hor. XIII, b. ר' מֵאִיר חָכָם Rabbi Meïr war der Chacham; ein solcher hatte Praktikanten und Schüler um sich, erstere werden בְּנֵי חֲכָמִים, letztere תַּלְמִידֵי חֲכָמִים genannt. Nach der Einsetzung des Synedrion zu Jabneh gab es drei oberste Würdenträger. Im נָשִׂיא verehrte man die erbliche politische Würde, im אַב בֵּית דִּין das Richteramt im engern Sinne, und im חָכָם das eigentliche Schuloberhaupt, etwa unsrem rector magnificus entsprechend. Es werden dann alle Gelehrten mit entscheidender Stimme חֲכָמִים genannt, die sich aber später ausBescheidenheit תַּלְמִידֵי הַחֲכָמִים nannten, und dann auch in der Gem. immer so genannt werden. In der Mi. wird חֲכָמִים stets gebraucht, wenn mehrere (dem Ordner der Mi. viell. noch bekannte) ungenannte Vertreter einer Meinung einem, oder auch mehreren genannten gegenübergestellt werden. Die spätern Lehrer in der Gem., denen jene ungenannten gar nicht mehr, oder nur einer davon noch bekannt war, führten zuweilen einen solchen Ausspruch auf einen ihnen bekannten zurück. Bechor. XXX, a. מַאן חֲכָמִים ר' יְהוּדָה u. ö. Es erhellt daraus, dass die übliche Uebersetzung von חֲכָמִים »Weise« eine nicht zutreffende ist, das חֲכָמִים אוֹמְרִים heisst vielmehr »einige Lehrer sagen.«

חֹל (v. חָלַל) hebr. Preisgegebenes, Zugängliches, *Profanes, Ungeweihtes,* i. Ggs. z. שׁ קֹדֶשׁ, Lev. 10, 10. Im Th. i. Ggs. z. Sabbath, also *Wochentag,* Pes. 5, 8. 6, 2. Dah. heissen die Tage zwischen dem ersten und letzten Feiertag des Pesach- u. des Hüttenfestes חֹלוֹ שֶׁל מוֹעֵד Meg. 4, 2.; d. pl. חֻלִּין u. חוּלִין ist i. Ggs. zu קָדָשִׁים gebildet u. bed. Thiere, welche nicht als Opfer, sondern zum profanen Gebrauche geschlachtet werden. Dav. handelt ein besond. Trakt. חֻלִּין, doch werden auch alle Nahrungsmittel so bezeichnet, Chag. 2, 5. נְטִילִין לְיָדַיִם לְחוּלִּין s. d. Gem. z. St.

חֲלִיצָה (v. חָלַץ s. d.) f. der gerichtliche Act, durch welchen der Bruder der Pflicht sich entzieht, die nach seinem verstorbenen Bruder kinderlos verbliebene Wittwe zu ehelichen. Das zu diesem Acte Erforderliche ist zusammengestellt Jeb. 12.

חָלַל II. *umkreisen, umdrehen,* wov. in d. Bib. nur חָלָה u. חָלַל; wird im Th. in dem Sinne wie hebr. נָקַב (Jes. 29, 1.) für *treffen, fallen,* auf einen bestimmten Tag gebraucht, Meg. 1, 2. חָל לִהְיוֹת יוֹם י"ד בַּשֵּׁנִי »Trifft der 14. (Adar) auf Montag.«

חָלַץ hebr. *ledig sein, abziehen,* in d. Bib. nur mit מִן ח' נַעַל מֵעַל רֶגֶל, »den Schuh vom Fusse abziehen, im Th. auch ohne מִן u. v. Kleidern überhaupt. Moed kat. 3, 7.

חלק 25 חם

אֵין חוֹלְצִין, B. k. XVII, a. חֲלוּצֵי כָתֵף »mit entblösster Schulter.« Da nach Dt. 25, 9. 10. das Schuhausziehen ein wesentlicher Bestandtheil des gerichtlichen Actes ausmachte, wodurch der Levir die Vollziehung der Leviratsehe verweigerte, so hat der Th. dem Worte für die Schule eine neue Bed. gegeben, u. es heisst *die Leviratsehe verweigern*, daher חוֹלֵץ, der die Leviratsche Verweigernde, חֲלוּצָה die, der die Leviratsehe verweigert wird. Die Handlung selbst heisst חֲלִיצָה. Zuweilen wird der die Schwagerehe Verweigernde auch חָלַץ genannt. Jeb. 12, 4. In dies. Abschn. kommen sämmtl. Formen dieses W. vor u. sonst öft.

חָלַק tr. hebr. *trennen, scheiden, theilen*, thalm. *verschiedener Meinung sein, streiten*. Ber. XXVII, b. הַחוֹלֵק עַל רַבּוֹ. häuf. auch pass. ausgedrückt. חָלוּק u. נֶחֱלָק. Dav. מַחֲלֹקֶת.

חֹמֶר m. im bibl. Hebr. (pl. חֳמָרִים) eine Erdart, Thon, Lehm; 2. Masse, Haufen, dah. ein grosses Maas (=כֹּר), hat im Th. noch andere, theils verwandte, theils neue Bedd. In der Schulsprache bedeutet es den einen Satz einer Schlussoperation (דִין s. d.), den man als den schweren nach einer Seite hin auffasste, bei dem aber diejenige gesetzliche Bestimmung fehlte, welche man bei einem andern, als einen leichten (קַל) aufgefassten, vorfand. Indem man nun diese Bestimmung auf den andern Satz übertrug, wurde er aus einem neuen Grunde חֹמֶר der belastete, gleichsam die tragende Masse für das Ergebniss der ganzen Schlussoperation, indem das Schwere des einen Satzes noch zu seiner Schwere hinzukam. Wir wollen durch ein Beispiel dies fasslicher machen. Das tägliche Opfer תָּמִיד und das Pesachopfer פֶּסַח sind gleich unter dem Begriffe: Opfer. Auf die Unterlassung des Pesachopfers ist vom Gesetze Karethstrafe gesetzt, auf die Unterlassung des täglichen Opfers nicht. Kraft dessen können wir das Pesachopfer als das חֹמֶר schwerere auffassen. Dagegen hat das Gesetz beim täglichen Opfer ausdrücklich bestimmt, dass es im Collisionsfalle das Sabbathgesetz aufhebe und auch am Sabbath geschlachtet werden darf. Das hat es beim Pesachopfer nicht gesagt, wir nehmen es aber an kraft des Schlusses: Wenn das hinsichtlich der Strafe leichtere Thamid das Sabbathgesetz verdrängt, muss das hinsichtlich der Strafe schwerere Pesach das Sabbathgesetz noch weit mehr, aber mindestens ebensogut wie jenes verdrängen; wir übertragen also die Schwere des Verdrängens auf die Schwere der Strafe. Strenge Logik würde freilich erst das Verhältniss der einen Schwere zur andern zu untersuchen haben, sie würde in unserem Falle fragen, warum nicht ebensogut die Karethstrafe auf die Unterlassung des täglichen Opfers übertragen werden könne kraft desselben Schlusses; allein die Annahme von קַל וָחוֹמֶר war von der Auffassung desjenigen abhängig, der die Schlussoperation vornahm, und der andere, traditionell feststehende Gründe hatte, warum er so und nicht anders auffasste. (S. m. Abhndl. S. 11. 12). Nachdem diese Bed. v. חֹמֶר feststand, wurde dann, auch wo es nicht zum Zwecke eines Schlusses geschäh, jede erschwerende, d. h. verbietende Ansicht חוּמְרָא genannt, im Ggs. zu der erleichternden d. h. erlaubenden קוּלָא, u. daraus bildete man הֶחֱמִיר für d. hebr. Mi. u. אָחַמַר für die Gem. *streng sein, streng nehmen, erschweren*.

Im nachthalmud. Hebr. erhielt חֹמֶר die Bed. Stoff in dem philosoph. Sinne ὕλη, materia.

חַם. In der Interj. חַם וְשָׁלוֹם Jad. 3, 5. Aduj. 5, 6. u. ö. ist dieses W. viell. auf d. hebr. חָסָה eigtl. *fliehen, sich bergen, bei Jmd. um Schutz zu finden*, zurückzuführen. Der Sinn dieser elliptischen Redensart wäre also: Was du da gesagt hast, war leichtfertig und strafwürdig, aber man kann es dir nachsehen, jedoch *verbirg dich, und Friede (soll dir werden)*. Doch kann es auch mit dem syr. ܚܣܡ erklärt werden, welches für d. hebr. כָּפֵר gebraucht wird, so dass der Widersprechende damit um Verzeihung für seinen Widerspruch bittet, also: *verzeihe und Friede (sei mir)* entsprechend dem salva venia. Die Targg. geben mit חַס (so ists in allen Ausgg. vokalisirt) das hebr. הֲלִילָה wieder, ausser an den Stellen, wo es auf Gott angewendet ist, Gen. 18, 25. Hi. 34, 10., oder es Gott von sich selber sagt, 1. Sam. 2, 30. Es muss also im aram. ein Anthropomorphism. damit ausgedrückt werden. Dies würde mehr für die erste Erklärung sprechen. Die Schule, welche die Redensart immer dann anwendet, wenn Jemand etwas gesagt, das sich einer Blasphemie nähert, hat diese durch den Zusatz וְשָׁלוֹם noch stärker abwenden wollen.

חָרַר Diese W., welche syr. Pa. ܢܚ u. ar. II. d. Bed. *frei* machen, einem Sklaven die Freiheit geben, hat, wird im bibl. Hebr. nur als sbst. pl. חֹרִים cst. חֹרֵי, wofür d. sg. בֶּן חֹרִים Koh. 10, 17. u. zwar immer zur Bezeichnung eines bevorzugten Standes, sov. wie Adliger gebraucht. Die Schulsprache des Th. hat sich aber dafür ganz neue Formen geschaffen. Für den Pa. im syr. u. ar. bildete sie den Schafel שַׁחְרֵר Ber. XLVII, b. part. act. מְשַׁחְרֵר Git. XXXVIII, b. part. pass. מְשֻׁחְרָרִים Bikk. 1, 8. (entsprechend dem עֶבֶד v. עבד). Die Handlung hiess שִׁחְרוּר, die darüber ausgestellte Urkunde גֵּט שִׁחְרוּר B. m. 1, 6. XIX, a. Später aber behandelte man das ש als radical und bildete das neue Wort שַׁחְווּר *Freiherr*, der das Recht hat Frohndienste zu fordern. B. b. XLVII, b. Daher das Sprichwort aus dem Sifri zu Deut. 1, 7. angef. v. Ra. z. St. הִדָּבֵק לְשַׁחֲווּר וְיִשְׁתַּחֲווּ לְךָ. »Schliesse dich einem Freiherrn an, wird man sich vor dir bücken.« Daher übers. Onkel. Num. 16, 15 שְׁחֵרִית נָשָׂאתִי mit »ich habe als Tribut erhoben,« u. man bildete daraus wieder ein neues W. תִּשְׁחֹרֶת *Herrschaft* Ab. 3, 16, welches Wort bisher meist falsch erklärt wurde.

ט

טָבַל hebr. tr. benetzen, — giessen, dah. *tauchen, eintauchen,* in d. Bib. meist von Sachen u. Körpertheilen, nur einmal v. ganzen Leibe, 2. Kön. 5, 14., im Th. vorwiegend *den ganzen Leib in eine vorschriftmässige Wassermasse tauchen,* sehr häuf. Eigenthümlich ist d. Gebrauch des part. pass. als act. in der Phrase טְבוּל יוֹם Einer, der an diesem Tage zum Abschlusse der Unreinheit getaucht hat. Dav. טְבִילָה vorschriftmässige Tauche. טָבַל II den. v. טָבָל, K. nur in der jer. Gem., doch Ber. XLVII, b. auch טָבוּל טָבָל. Pi. טָבֵּל Etw. z. טָבָל machen. טֶבֶל m. Ein Schulausdruck (wie דְּמַאי w. s.) Früchte, auf welchen die Verpflichtung der Abgaben noch haftet, u. die darum vor Entrichtung derselben zum Genusse verboten sind. Die ältest. Erkll. auch Maim. nehmen an, d. W. sei aus טַב לֹא=Nicht gut, gebildet. Richtiger ist wohl es gleich תָּבָל zu nehmen u. v. בָּלַל herzuleiten, also *Mischung, Gemischtes* v. Erlaubtem u. Verbotenem.

טָבַע hebr. eindrücken, — prägen in etw. v. dem Siegel, nam. im Pi. (dav. טַבַּעַת) syr. ܠܒܥ ar. طَبَعَ dass. Im Th. mit einem Stempel *prägen* (von Münzen), welche daher מַטְבֵּעַ, dann *formen, bilden,* gestalten. Sanh. 4, 5. אָדָם טוֹבֵעַ כַּמָּה מַטְבֵּעוֹת בְּחוֹתָם אֶחָד···וְהַקָּבָּ״ה טָבַע כָּל אָדָם בְּחוֹתָמוֹ שֶׁל אר״ה. »Der Mensch prägt viel Münzen mit einem Stempel····aber Gott bildet alle Menschen in Gestalt des ersten Menschen.« Daher bei den Philosophen: טֶבַע *die Urform, die Natur*, dem Aristotel. nachgebildet. מַה שֶּׁאַחַר הַטֶּבַע Metaphysik. In der Schulsprache unterdrückte man ע u. so entstanden die Wörter: טִיב, טִיבָה w. s.

טָהוֹר adj. hebr. *glänzend, lauter, rein, unschuldig,* in Beziehung auf den Opfercultus: *was zu diesem gesetzlich zulässig ist.*

טָהֵר intr. sein was טָהוֹר ausdrückt. Discussionsweise, aber nur als Vermuthung wird in d. Gem. die Bed. nach einem Sprichworte vorgeschlagen: *rein, weg*, d. h. zu Ende sein. Ber. 11, b. מַאי וְטָהֵר? טָהֵר יוֹמָא. Pi. טִהֵר *reinigen*, im Th. *für rein halten, erklären*. Hitp. הִטַּהֵר im Th. הִיטַּהֵר sich reinigen. Die Bed. des W. in der Schule ergibt sich aber erst vollständig aus seinem Ggs. dem folgenden טָמֵא.

טִיב, טוּב aus טָבַע w. s. *Beschaffenheit, Bewandniss.* Ket. 1, 4. 5. מַה טִיבוֹ שֶׁל זֶה »von welcher Art, Abstammung ist der.« Kid. VI, a. טִיב נִשּׂוּאִין וְקִידּוּשִׁין »Was zu Scheidung und Trauung gehört.«

טָמֵא adj. u. v. intr. eigtl. *trüb, dunkel, finster, schwarz* sein, ar. طمس dunkle Farbe, übertr. schmutzig (vgl. טהר), dann *unrein* sein, im moral. Sinne *schlecht, verderbt*, in Beziehung zum Opfercult. *gesetzlich unzulässig, verworfen* sein. In dem überaus häufigen Gebrauche von טָהוֹר u. טָמֵא in der Schulsprache des Thalmuds (mehr als dessen Hälfte verhandelt über dahin einschlägige Gegenstände) bezeichnete man der Kürze wegen auch mit טָמֵא, was für Unreinheit empfänglich, dazu geeignet ist, mit טָהוֹר, was dieses nicht ist, und so auch die entsprechenden Ztw. טִהֵר טִמֵּא, einen Gegenstand für Unreinheit empfänglich erklären oder nicht. Weil nun Geräthe von einer gewissen Beschaffenheit, Grösse, besonders aber unversehrt sein müssen, so heisst טָמֵא: sie haben diese Beschaffenheit, diese Grösse, sind unversehrt, טָהֵר: sie haben diese Beschaffenheit, diese Grösse nicht, sie sind zerbrochen. Beispp. sind in der Ordn. טָהֳרוֹת fast in jeder Mi.

טַעַם aram. טְעָם emph. טַעְמָא. (Es ist herkömmlich auch in der Gem. d. hebr. Vokalisation beizubehalten, in der Mi. kommt das Wort nicht vor) 1. *Geschmack* sinnlich. 2. geistig *Erkennung, Empfindung, Einsicht, Urtheil, Befehl* (aram.), *Sinn, Rechnung* (ratio). Im Th. *Grund, Ansicht, Auffassung*, dah. מַה טַעַם=מְּהַ warum? מִפְּנֵי מַה Anschauung לְטַעֲמֵיהּ וּלְטַעֲמָיךְ פ' N. N. hält seine Anschauung fest. In Folge einer freien Auffassung der Stelle Meg. III, a. פִּסְקֵי טְעָמִים »Die Absätze des Verständnisses wegen« wurden später die Absetzezeichen, die Accente kurzweg טְעָמִים genannt, wie aus Ra. z. St. hervorgeht.

טָעַן hebr. tr. *belasten, bepacken*, syr. ܛܥܢ intr. *belastet sein. tragen, verpflichtet sein*, so im Th. *obliegen, brauchen, müssen*. Seb. 5, 1. הָיָה טָעוּן דָּם das Blut muss gesprengt werden, u. ö. *vor Gericht plaidiren*, wodurch der Sprecher *ent-*, der Gegner *belastet* wird. B. b. XXIII, a. אִי טָעֵין אִין, טוֹעֲנִין לְיוֹרֵשׁ, Git. LVIII. b. Dah. heisst der Kläger טוֹעֵן, der Verklagte נִטְעָן, die Vertheidigung טַעֲנָה.

טְרֵפָה f. (v. טָרַף vgl. τρέφ-ειν sich sättigen, nähren, dah. טֶרֶף *Nahrung, Speise*, insbes. der Raubthiere, *Raub, Beute*) *Zerrissenes*, und nach Ex. 22,30. Lev. 17,15. zum Genusse Verbotenes. Im Th. wird jedes Thier טְרֵפָה genannt, an dem äusserlich oder innerlich Etwas fehlt, verletzt oder beschädigt ist, wobei angenommen wird, dass es in Folge dessen sterben werde, daher es auch, selbst wenn vorschriftsmässig geschlachtet, zum Genusse verboten ist, dah. wird טְרֵפָה im Ggs. zu כָּשֵׁר in Bezug auf essbare Dinge in nachthalm. Schriften oft für אָסוּר verboten gebraucht. Dah. d. den. טָרַף u. Hi. הִטְרִיף auch Aph. אַטְרַף für טְרֵפָה erklären. Chol. im ganzen Abschn. אֵלּוּ טְרֵפוֹת.

י

י wird im Th., wenn es Consonant sein soll, oft doppelt gesetzt, ebenso wenn es ein Dagesch haben müsste, dah. regelmässig im Pi. häufig, ohne in der Wortbildung begründet zu sein, was nur in der Sprachweise der Schule begründet sein kann, besonders in Redensarten, die eine Frage oder Erstaunen ausdrücken wie: מַאי טַעֲמַיְיהוּ, לְיָיא, הַיָא, תִּצְפְּיָין, תִּיהֲוָיָין, בְּהָדֵיְיהוּ, בֵּינַיְיהוּ. י wird als Bildungsbchstb. der 3. pers. pl. pract. für d. hebr. ו gebraucht. אָמְרִי für אָמְרוּ. Die 3. pers. sing. mit ־ָ wie hebr. כָּבֵד wird im aram. mit י geschrieb., welches auch in den übrig. Pers. des præt. beibehalten wird. Diese Form ist sehr stark im Gebrauch.

יָד. Eine der thalm. Schulsprache eigenthümliche Bed. hat לְיָד eigtl. *zur Hand*, d. h. *gelegentlich, gerade*, in der Redensart הוֹאִיל וַאֲתָא לִידָן, weil es gerade erwähnt wird. B. m. XVII, b. u. ö. מִיָד *sogleich*. מִיתָר לְאַבְדָן בְּיָד *mitBedacht*.Ber.LII, b. יְחָד hebr. als den. v. אֶחָד mit Verwandlung des א in י wie ar. ﴿ (syr. ist der schwache Stammbuchstabe ganz abgeworfen u. נגד allein beibehalten, da נגד=ן hebr. אחד ist, nur im neutestam. Syriasm. ist aus dem Hebr. auch נגד im Gebrauch) *sich vereinigen, — binden* mit Jmd. 'את פ Jes. 14,20. *sich gesellen, anschliessen* an Jmd. mit בֽ Gen. 49, 6. Pi. יַחֵד *einigen* Ps. 86, 11. Im Th. *absondern, besonders stellen, einräumen* יַחַד לוֹ מָקוֹם B. m. 3, 6. u. ö. wie יָעַד, Hitp. הִתְיַחֵד sich einschliessen mit einem Weibe. Dav. יִחוּד Alleinsein mit einem Weibe. Git. LXXXI, b. בְּיָחוּד *mit Gewissheit*, Schek. 6, 2., *im Vertrauen*. Beza XXII, b. Im nachthalm. Hebr. heisst יִחוּד die Einheit Gottes, dah. יִחֵד *die Einheit Gottes anerkennen*, die Bekenntnissformel שְׁמַע וכו' aussprechen.

יָלַף eine syr. Nebenform zu אָלַף. im Th. aber ausschliessl. dafür gebraucht *lernen*, Pa. lehren, in der Schulspr. aus einem gegebenen Lehrsatze einen neuen ableiten, *schliessen, übertragen*.

יָצָא hebr. herausgehen. In der Schulsprache מִן הַכְּלָל י׳ eine Ausnahme machen, was aber meist mit יצא allein ausgedrückt wird, ebenso Hi. הוֹצִיא *ausnehmen*—schliessen, יָצָא יְדֵי חוֹבָה aus der Gewalt der Pflicht herausgehen, d. h. sich seiner Pflicht entledigen, seine Schuldigkeit thun, wofür aber meist יצא allein gebraucht wird. Ebenso Hi. הוֹצִיא für Jemand die Pflicht thun. Dann hat יָצָא wie sequi die Bed. *sich nach Etwas richten, ihm gleich kommen,* in der Phrase כְּיוֹצֵא בוֹ, כְּיוֹצֵא בָהֶם desgleichen, B. k. II, a. u. ö.

יְתַב aram., hebr. יָשַׁב sitzen, im Th. *in der Schule sitzen, sich der Schule anschliessen,* dah. יָתִיב וְקָאָמַר er trug in der Schule vor. Dav. מְתִיבְתָּא,hebr. יְשִׁיבָה die *Schule.*

מֵיתִיבֵי s. u. תּוּב.

כ

כ. Diese Vergleichungspartikel wird ganz wie im Hebr. als adv. wie als praep. gebraucht, nur ist die erste Hauptbed. soweit ausgedehnt, dass sie zur Grössenbestimmung dient, כְּבֵיצָה בַּיִת *von der Grösse* einer Olive, — eines Eies, dann wird die zweite Hauptbedeutung als Präp. *nach, gemäss, zufolge,* κατά secundum, wo das mit כ bezeichnete dem damit Verglichenen zwar als Norm dient, von diesem aber nicht erreicht wird, z. B. כִּדְמוּתֵנוּ Gen. 1, 26., in der Schulsprache des Th. soweit ausgedehnt, dass die beiden mit einander verglichenen Dinge ganz ungleich sind und nur eins für das andere, weil man nicht anders konnte, oder aus irgend einem andern unbekannten Grunde gesetzt wurde. So in der häufigen Redensart: כִּבְיָכוֹל *wie beim Möglichen,* d. h. es ist hier Etwas von Einem, bei dem es ganz unmöglich ist, gesagt wie von Einem, bei dem es möglich ist. Sie wird immer gebraucht. wenn starke Anthropomorphismen von Gott ausgesagt werden. Er. XXII, a. כִּבְיָכוֹל כְּאָדָם שֶׁנּוֹשֵׂא. Dann in:

כְּלוֹמַר *als wenn zu sagen*, d. h. Es ist hier Etwas gesagt, das aber nicht das, sondern etwas Anderes sagen soll. So ist auch zu erklären: כְּרִי *als ob etwas*, d. soll heissen: *es ist aber Nichts, nebenbei, nicht dahin gehörig*. רִי eigtl. gleich אֲשֶׁר *was*, hier: Etwas. כָּאן (So die übliche Aussprache, richtiger כְּאָן) adv. des Ortes wie hebr. כֹּה u. wahrschl. daraus entstanden. Sie ist nur thalm., in den Targg. wird כָּא u. הָכָא, syr. ܠܟܐ dafür gebraucht. *Hier*, כָּאן *hier — da*. Eine der Schule ganz eigenthümliche R.A. ist עַר כָּאן, eigtl. *bis hierhin, soweit*, welches aber ausdrücken soll: Die beiden in der Discussion mit einander verglichenen Fälle sind nicht ganz gleich, daher konnte ein Thalmudlehrer über jeden eine andere Meinung haben. Man hat den Ausdruck als Ellipse aufzufassen: *Soweit* sind die Fälle nicht einander gleich, oder: *Soweit* geht der Lehrer nicht in der Vergleichung, z. B. Beza XXVIII, a. עד כאן לא קאמר ר' יהושע הָכָא. Soweit (sind die Fälle nicht gleich) nur hier hat etc. Zuweilen ist es ganz unübersetzbar wie Bez. XXXVII, a. רילמא עד כאן לא קאמרי כ"ש החם. Vielleicht haben Schamai's nur dort gesagt.

כָּבַד Der Pa. hat im Th. d. Bed. erhalten *in ehrbaren Zustand versetzen* dah. *reinigen, ausfegen, wischen*, Ber. 8, 4. מְכַבְּרִין אֶת הַבָּיִת. Daher מַכְבֶּרֶת Besen. N. b. Jech. will den Gebrauch dies. Wortes mit einem Euphemismus für das bibl. טָאֲטָא begründen, weil dieses als Fluch Jes. 14, 23. angewendet wäre; allein dieses Wort würde dann Mikw. 8, 4. nicht gepasst haben. Es ist also nur das gewiss, dass die Schule die Bedd. der bibl. WW. erweitert hat.

כְּד wie hebr. כַּאֲשֶׁר *so wie*; aber stets als untrennbare Partik. vorgesetzt, כְּדְאָמְרִי »so wie sie sagen,« כְּדְאִית לֵיהּ »so wie er hat,« d. h. nach seiner Ansicht. Sehr häuf.

כּוּן hebr., syr. ܟܢ, ar. ڪ, اڭ eigtl. *da — aufrecht — fest stehen*, dah. *sein, dasein, existiren*, Pi. כּוֹזַן u. כִּוֵּן, v. letzter. in d. Bib. nur d. sbst. כֵּן, Jer. 7, 18. 44, 19. u. כְּוָן, aram. Dan. 6, 11. im Th. *zielen, richten*, bsd. den Geist auf Etw., *andächtig sein*. Ber. 4, 5. יְכַוֵּן אֶת לִבּוֹ, »man richte sein Denken« Rosch hasch. 3, 7. אִם כִּוֵּן לִבּוֹ, *passen, abpassen*. Ber. VII, a. מְכַוֵּן אוֹתָהּ שָׁעָה, »er passte die Stunde ab« *treffen, übereinstimmen*, Pu. Sanh. 8, 4. נִמְצְאוּ דִּבְרֵיהֶם מְכֻוָּנִין. Dav. כִּוּוּן eigtl. Uebereinstimmung, als conjunct. *da, indem, sobald, nachdem*. כַּוָּנָה f. *Absicht*, Ber. XIII, a. מִצְוֹת צְרִיכוֹת כַּוָּנָה, *Andacht* das. u. ö.

כִּי adv. für כָּא, wie hebr. כֵּן, *so* in der R. A. כִּי לָא, *nicht also* u. in Zsmmensetzg. הָכִי. 2. häuf. wie כְּ gebraucht, in Bed. *wie*. כֵּיצַד interrog. *wie, welcher Gestalt?* *In welcher Weise*. Es ist aus der Vergleichungspartikel כְּ, die hier für אֵיךְ gebraucht ist, und צַד, Seite, Ansicht, Art, Bild entstanden. Bisher wurde es mit צַד כְּאֵיזֶה erklärt, was unnöthig.

כַּלָּה f. hebr. eigtl. Bekränzte, dah. Braut. Im Th. auch כַּלִּין u. pl. כַּלִּין, weil es hier für Israel gebraucht wird, das als Braut Gottes bezeichnet wird. In der Schule erhielt es dann d. Bed. *Gelehrtenzunft*, die um ihr Oberhaupt versammelte Gemeinde zum Zwecke des Studiums. Die Hauptversammlungen derselben waren in Adar u. Elul פְּרָקֵי דְכַלָּה nach Ber. VIII, b., das. VI, b. Der Vorsitzende hiess רֹאשׁ לִבְנֵי כַלָּה das. LVII, a u. רֵישֵׁי כַּלֵּי, Chol. XLIX, a.

כְּלוּם ctrh. aus כָּל מְאוּם, *Etwas*, aber stets bei einer Frage oder Negation, dah. *Nichts* wie das franz. rien.

כְּלָל c. כְּלָל thalm. eigends für die Schule gebildetes Wort aus כֹּל, das *Umfassende*, zuw. *Alles*, zuw. *Vieles*, zuw. *Wichtiges Umfassende*. S. die Verhandlung über כְּלָל גָּדוֹל in der Gem. Sabb. LXVIII, a., demnach: *Regel, Grundsatz*. Es sind jedoch die Sätze im Th., die als כְּלָל angeführt werden, keinesweges solche, die wie Fleischsätze der Logik oder der Mathematik für alle Fälle gelten können oder sollen, sondern sie umfassen nur mehrere Einzelfälle unter einen gemeinsamen Begriff, der aber selbst nur eine Besonderheit ist. Wenn es z. B. Sabb. 19, 1. heisst: כלל אמר ר' עקיבא כל מלאכה שאפשר לעשותה מערב שבת אינה רוחה את השבת ושאי אפשר לעשותה מערב שבת רוחה את השבת »Einen Grundsatz sagte R. Akiba: Jede Arbeit, die man am Vorsabbath thuen kann, hebt das Sabbathgesetz nicht auf, die man aber nicht am Vorsabbath thuen kann, hebt das Sabbathgesetz auf« so soll der Ausdruck »jede Arbeit« hier nicht heissen »jede Arbeit,« sondern soll nur heissen: Jede zu einer solchen Arbeit, von der wir wissen, dass sie das Sabbathgesetz verdrängt, gehörige Vorrichtung. So gehört das Anfertigen oder Schleifen eines Messers, mit dem am Sabbath die Beschneidung vorgenommen werden soll, zu den Arbeiten, die vor Sabbath möglich, dagegen das Auflegen von Heilmitteln auf die, durch die Beschneidung entstandene Wunde zu denen, die nicht vor Sabbath möglich. Man sieht, bis zu welchen Besonderheiten diese, als Allgemeinheit bezeichneten Sätze zusammenschrumpfen.

Es wird nun auch jeder mit כָּל eingeleitete Satz כְּלָל genannt, die Ausnahmen davon werden mit חוץ bezeichnet, s. mehrere, Kid. 1, 7. 8. 9. Bei näherer Prüfung ergeben sich die meisten dieser Sätze als ungenau (לאו דוקא), daher der Grundsatz: אֵין לְמֵדִין מִן הַכְּלָלוֹת אֲפִילוּ בְּמָקוֹם שֶׁנֶּאֱמַר בָּהֶם חוּץ. »Es ist nicht zu entscheiden nach den mit כָּל ausgesprochenen Sätzen, selbst wenn Ausnahmen dabei angegeben sind,« so dass Maim. dazu bemerkt, das כָּל »alle« solle heissen רֹב »die meisten.«

כְּלָל bed. ferner *im Allgemeinen*, in dem Sinne von Alltagsgespräch, wobei man nicht daran denkt, dass man sich darauf berufen werde, wogegen ein in dieser Absicht gesprochener Satz בְּפֵירוּשׁ heisst, daher häuf. d. Frage im Th. בְּפֵירוּשׁ שְׁמִיעָא לָךְ אוֹ מִכְּלָלָא שְׁמִיעָא לָךְ Jeb. LX, b. Sabb. XXXIX, b. Git. XXXIX, b.

Noch in einem andern Sinne wird כְּלָל in der Thalmudschule gebraucht, nämlich als Gegensatz zu פְּרָט. Für die Bestimmung der, mit diesen Worten bezeichneten Begriffe wird es ziemlich zutreffend sein, wenn wir כְּלָל als Gattungs-, פְּרָט als Geschlechtsbegriff bezeichnen, in dem Sinne, wie sie in der Naturgeschichte üblich sind, so dass über der Gattung noch Ordnungen und Klassen, und unter dem Geschlechte noch Arten, Familien und Individuen stehen.

Bemerkt muss jedoch werden, dass der Bezeichnung, wie der Begriffsbestimmung von כְּלָל und פְּרָט eine andere gegenübersteht, welche dafür die Ausdrücke רִבּוּי *Mehr umfassend* und מִיעוּט *Weniger umfassend* gebraucht. Der Begriff wird dadurch in Etwas, in Bezug auf das halachische Ergebniss modifizirt, (s. darüber Scheb. IV, b. u. Ra. z. St.) in der Hauptsache aber wird, wie unsre Darstellung ergeben wird, Nichts geändert. Auch ist die Anwendung von כְּלָל u. פְּרָט, obwohl sie vom Ordner unserer Mischnah, R. Jehudah Hanasi, nicht angewendet wird, (s. l. c.) die gebräuchlichste. Hervorgegangen ist sie aus dem Versuche der Thalmudlehrer, logische Begriffe auf die Ausdrücke des schriftlichen Gesetzes anzuwenden. Sie fanden nun, dass die Schrift, indem sie die Opferthiere aufzählen will (Lev. 1, 2.), sagt: מִן הַבְּהֵמָה »vom Thier«, womit nach dem bibl. Sprachgebrauche alle Vierfüssler gemeint sein können, dann aber hinzufügt מִן הַבָּקָר וּמִן הַצֹּאן »vom Rind- und Kleinvieh«, womit nur das Rind-, Schaf- und Ziegengeschlecht bezeichnet wird. Hätte die Logik unabhängig über den Sinn der Schrift zu entscheiden gehabt, so hätte sie nichts Ungesetzliches darin finden können, Alles, was unter den Begriff בְּהֵמָה zu subsumiren war, als Opfer zuzulassen, die nähere Angabe בָּקָר וָצֹאן hätte als Aufzählung einzelner Beispiele, welche das Vorhergehende nicht aufheben, aufgefasst werden können. Die Thalmudlehrer waren aber an das überlieferte Gesetz gebunden, welches die Opferthiere ganz genau bestimmt, sie mussten daher annehmen, dass die allgemeinere Bezeichnung מִן הַבְּהֵמָה hier nicht massgebend sein könne, und stellten nun den Satz auf: כְּלָל וּפְרָט–אֵין בִּכְלָל אֶלָּא מַה שֶׁבַּפְּרָט »Nennt die Thorah eine Gattung, dann Geschlechter, so gehört zur Gattung weiter Nichts, als was zu den Geschlechtern.«

כְּלַפֵּי 31 כָּשֵׁר

Logisch ist dieser Satz grundfalsch, aber er ist ein Ergebniss der Tradition, der man ein logisches Gewand umgehängt hat. Unter den sogenannten 13 (es sind genau gezählt 16) Interpretationsregeln des R. Jischmael sind 8, welche auf dem Verhältniss des כְּלָל zum פְּרָט und einzelner Unterbegriffe derselben beruhen. Es genügt aber sich die beiden Hauptbegriffe gemerkt zu haben, um alle weitern Anwendungen derselben zu verstehen. Praktisches Interesse haben sie ohnedies nicht, da alle Folgerungen daraus grösstentheils noch controvers sind, und schliesslich von traditionellen Bestimmungen darüber entschieden ist. Es werden von diesem W. noch die adv. בִּכְלָל *inbegriffen, einschliesslich,* u. מִכְּלָל *folglich,* gebraucht.

כְּלַפֵּי praep. *in der Richtung, gegen,* versus, entstanden aus כְּ־לְאַפֵּי אַפֵּי für אַפִּין wie פְּנֵי für פָּנִים. Es würde לְאַפֵּי ganz genau die Richtung ausdrücken wie hebr. אֶל־פְּנֵי, durch das כְּ ist die ungefähre Richtung angedeutet.

כְּלַפֵּי לַיָּיא s. u. לַיָּיא.

כָּל שֶׁהוּא eigtl. Alles, was es sein mag, d. h. *das Kleinste, noch so wenig,* hebr. מְאוּמָה, das aus מַה־וּמָה entstanden, quidquid u. aram. in כְּלוּם für כָּל־מְאוּם *gar Nichts* wieder erscheint.

כָּל שֶׁכֵּן ist als Ellipse zu erklären: *Alles* (spricht dafür) *dass es so ist,* dah. in vergleichenden Sätzen: *um so mehr, wie viel mehr,* besd. häufig mit Negat. im Fragesatz: לֹא כָּל שֶׁכֵּן *Ist's nicht um so mehr?* Es ist oft gleichbedeutend mit אֵין דִּין »Ist es nicht ein Schluss?«

כָּנַס hebr. tr. *sammeln,* Pi. *versammeln,* hat im Th. noch folgende Bedd. K. *heimführen,* d. h. *heirathen,* Jeb. 2, 6. XXIV, b. לֹא יִקְנוֹס וְאִם קָנַס Ni. hineingehen, Ber. 1, 1. הַכְּהָנִים נִכְנָסִין, Hi. *hineinbringen,* Ggs. zu הוֹצִיא Sabb. 1, 1. נָתַן לַחוֹכָה וְהִכְנִיס Dav. הַכְנָסָה. כְּנִיסָה. כְּנֶסֶת. כְּנַסְיָה. כְּנֵיסָה. כְּנָס.

כְּנָס *Einlass,* Kelim 10, 8. Sabb. XCV, b. כְּנָס מַשְׁקֶה *Höhlung* (der Schaufel) B. m. CV, a.

כְּנִיסָה *Hineingehen,* (Ar.) od. Versammlung, Meg. 1, 1. יוֹם הַכְּנִיסָה.

כְּנֵסִיָּה *Zusammenkunft, Verbindung, Partei.* Ab. 4, 11. vgl. 5, 17., wo dafür מַחְלֹקֶת steht.

כְּנֶסֶת Versammlung, d. i. Gemeinde, ecclesia, diese Bed. aber nur in kabbalist. Schriften, wo כִּי יִשְׂרָאֵל ganz im Sinne v. Kirche bei den Christen gebraucht wird. Im Th. nur הַכְּנֶסֶת בֵּית neben כִּי בְּנִישְׁתָּא Versammlungshaus zum Beten, *Synagoge.* Ber. VI, b.

כָּרְחָא thalm. sbst. aus d. ar. كَرْه gebildet und ebenso wie dieses nur mit עַל gebraucht *wider Willen,* invite. Im Th. stets mit angehängtem suff. des pron. pers. in den Targg. auch mit folgend. שֶׁל u. דִּ. Ab. 4, 22. עַל כָּרְחָךְ.

כָּרַע hebr. die Knie beugen, *niedersinken,* Hi. *niederbeugen — werfen.* Im Th. bildl. von der Wage, die Wage senken, d. h. das Uebergewicht geben, dah. *entscheiden.* B. b. LXXXIX, a. אֵין מַעֲיָנִין בְּפִּקִּים שֶׁמַּכְרִיעִין.»Man darf nicht knapp wiegen, wo es Sitte ist Uebergewicht zu geben. Sabb. XXXIX, b. שְׁנַיִם הוֹלְכִין וְאֶחָד מַכְרִיעַ »Zwei sind verschiedener Meinung, und Einer entscheidet.« Joma. LII, a. ה׳ מִקְרָאוֹת אֵין לָהֶם הַכְרֵעַ »Fünf Schriftstellen sind unentschieden«, d. h. es ist zweifelhaft, ob ein Wort mit dem vorhergehenden, oder mit dem folgenden zu verbinden ist.

כָּשֵׁר Nebenform zu אָשֵׁר u. יָשָׁר, die sich im spätern bibl. Hebraism. (Esth. Koh.) herausgebildet u. eigtl. *gerade, aufrecht, steif* sein (cf. כְּשׁוֹר), dann bildl. *recht, gut, billig, gefällig* sein bed. 2. *gerathen, gedeihen, gelingen, glücken.* Hi. *vortheilhaft, gedeihlich betreiben.* Im Th. heisst כָּשֵׁר (d. übliche Sprechweise כָּשֵׁר ist nicht begründet) *gesetzlich erlaubt,* von solchen Dingen, die einer rituellen Behandlung dazu bedürfen, wie bei Thieren des Schlachtens, bei Geräthen die Läuterung durch Wasser oder Feuer. Hi. die rituelle Behandlung eines gesetzlichen Actes ausführen, wenn solcher aus mehreren Theilen besteht, davon heisst der erstere Theil מַכְשִׁיר, Kid.

LVII, a., überhaupt die Ausstattung, Vorbereitung יָדָיוּ בְּכָשִׁירִין, so zu עוֹמֵר הוֹלֵב, מִילָה, Sabb. CXXXI. Da כָּשֵׁר auch der Ggs. v. טְרֵפָה (w. s.) ist, so heisst auch jedes fehlerfreie, daher zum Genuss erlaubte Thier so, u. הֵרֵי wie אַכְשֵׁר bed. für: כָּשֵׁר erklären. Chol. im Abschn. אֵלּוּ טְרֵפוֹת. Dann heisst הֵכְשֵׁר auch durch Anfeuchtung für Unreinheit empfänglich machen, wovon der Traktat מַכְשִׁירִין handelt. Dav. כֹּשֶׁר der *gesetzliche Verlauf, Zustand, vorschriftmässige Behandlung* Jeb. LXIX, a. Men. XXXXVIII, b. דָּבָר שֶׁלֹּא בְּהֶכְשֵׁרוֹ מְדָבָר שֶׁלֹּא בְּהֶכְשֵׁרוֹ.

כתב hebr. u. in all. bibl. Bedd. im Gebrauch. Als besondere sind nur zu bemerken: כָּתוּב *das Geschriebene, die Schrift*, die ganze Bibel, wenn einzelne Stellen daraus angeführt werden. *Das Gesetz*, in dem Sinne wie Strafgesetzbuch Ab. 3, 9. מַעֲלֶה עָלָיו הַכָּתוּב. 3. die Ordnung des Alphabets. Sabb. CIV, a.

כְּתוּבִים *Schriften*, die dritte Abtheilung der Bibel, 11 BB. enthaltend.

כְּתוּבָה pl. כְּתוּבוֹת, *Verschreibung*, d. h. Vermögen, das Jemand für unantastbar zu Gunsten eines Andern durch eine schriftliche Acte erklärt. כְּתוּבַת אִשָּׁה was der Ehegatte der Ehegattin verschreibt, כְּתוּבַת בְּנִין דִּכְרִין was dem Sohne verschrieben wird. Auch das Actenstück selbst heisst כְּתוּבָה; was in späterer Zeit in einer für Alle gleichen Form ausgestellt wird, daher auch nur noch Form ohne Bedeutung ist.

כְּתֵבָה eine Frucht, die als Massbestimmung gebraucht wird, sie hat einen Kern, daher man sie für eine Dattel erklärt hat. Nach Joma LXXI, a. ist ihre Grösse in der Mitte zwischen einer Olive u. einem Ei. Man unterschied auch דַּקָּה u. גַּסָּה. Ableitung ist unbekannt, d. ar. مَكْتَب heisst Traube, was nicht mit der Beschreibung stimmt.

ל

ל dient im Th. zur Bildung der 3 p. fut., wo sonst י, im syr. נ, gebraucht wird, nach Vorgang des Aram. in Dan. 2, 20. לֶהֱוֵא, pl. 2, 43. לֶהֱוֹן. Meistens wird damit eine Aufforderung oder Erwartung ausgedrückt, so dass das hebr. נָא zugleich darin liegt, so fast durchgehends לֵימָא, *es sage doch*, *es hätte sagen sollen*. Ber. III, a. לֵימְרוּ »sie hätten sich ausdrücken sollen« IV, a. Ende; לִכְרוֹךְ »er soll den Segen sprechen,« לִיתְבוּן *sie sollen sich setzen*, Erub. LIII, b.

לָא aram. (hebr. לֹא mit den Nebenformen לָא לִי לָא u. לָי, an לוּלָא, לוּלֵי u. אוּלַי u. von gleicher W. mit אַל). syr. ܠܐ u. ﻻ Verneinungspartikel, *nein, nicht*, ganz so wie im Hebr. gebraucht. Dass dieses so häufig gebrauchte Wort verschieden betont und je nach dem Geiste der Rede bald scharf und kurz, bald matt und gedehnt ausgesprochen wurde, liegt in der Natur des Orientalen, ist auch in andern alten Sprachen ersichtlich, daher sind die in der Schrift uns noch aufbewahrten verschiedenen Formen zu erklären, die für das Gehör noch mannigfaltiger gewesen sein mögen. Im Th. haben sich folgende gedehnte Formen erhalten: לָרֵי, לָאֵי, לָאוּ.

לָאו pl. לָאוִין, meist als Sbst. gebraucht, eigentl. *Verneinung, Verbot,* als Abkürzung für לֹא תַעֲשֶׂה. (Ggs. עֲשֵׂה) Kerith. sehr oft לָאו, לָאו שֶׁנִּתַּק לַעֲשֵׂה, לָאו שֶׁאֵין בּוֹ אַזְהָרָה שֶׁבִּכְלָלוֹת, doch auch als blosse Negation מַאי לָאו, meinst du nicht? אִם לָאו, *wenn nicht, oder nicht.*

לָאֵי Dies Wort hat N. b. fech. לָאֵי gelesen und die sonderbarste Erklärung, die wohl je ein Wort gefunden hat, dazu gegeben, es soll nämlich aus לֹא und dem gr. υἱός zusammengeschweisst sein, und »nicht, mein Sohn« bedeuten. In der einen von ihm citirten Stelle Ker. XII, a. findet sich das Wort nicht in unsren Ausgg. Dagegen steht

לְיָיא

es Sabb. LXIV, a., Chag. IX, a. u. Jeb. LXX, a. immer in der Phrase לְאָיֵי אֲנִינֵי מוּפְנָה. Ra. erklärt es immer mit בֶּאֱמֶת, *in der That*, was dem Sinne nach auch ganz richtig, das Wort ist aber ein gedehntes לֹא, dem man es am Tone anhörte, dass es heissen sollte: *nicht anders als, es kann nicht anders sein*. Dasselbe gilt von der Form:

לְיָיא Ber. LVIII, a. in dem Sprichw. חַצְבֵי לְנַהֲרָא כְּגִנֵי לְיָיא. »Die Krüge (gehen) zum Fluss, die Scherben keineswegs.« Ra. nimmt es als Fragewort für לְהֵיכָן, wonach es aus לְאַיֵּה oder לְאָן entstanden sein müsste, was weder dem Sinne nach so gut, noch der Wortform so entsprechend ist, als wenn es als Negation aufgefasst wird. An allen andern Stellen, Sabb. XCIII, b., CXXVII, a., Pes. V, b., B. m. LVIII, b. Ende u. a. folgt es immer auf כְּלַפֵּי, und der Sinn der Phrase כְּלַפֵּי לְיָיא ergiebt sich aus allen Stellen deutlich: *es ist ja umgekehrt*; in der zuletzt alleg. Stelle ist dies mit den Worten אַפְּכָא מִסְתַּבְרָא, die ich aber für eine Glosse halte, ausdrücklich gesagt. In der Erklärung derselben ist aber wohl N. b. Jech. nicht glücklich gewesen, er liest nämlich an allen Stellen אֶלְיָה. Ob er diese L. A. wirklich vor sich gehabt, muss dahin gestellt bleiben; auffallend wäre eine so häufig wiederkehrende Variante immer; aber selbst wenn es damit seine Richtigkeit hat, so bleibt die Erklärung: »nach dem Schwanze hin,« welches heissen soll: »verkehrt,« doch sehr unwahrscheinlich, da אֶלְיָה nur den Fettschwanz bei Opferthieren als das Beste, Vorzüglichste (v. אוּל) bedeutet, während für die Bed. das Hintere, Verkehrte, (im Ggs. zu רֹאשׁ) stets זָנָב gebraucht wird (vgl. Deut. 28, 13., Jes. 9, 3., Aboth. 4, 15). Ra. erklärt auch dieses wie לְאָיֵי mit לְהֵיכָן wohin? so dass die Redensart elliptisch zu nehmen wäre: Wohin geräthst du? Doch scheint es mir auch hier dem Worte angemessener, eine gedehnte Form von לֹא anzunehmen und zu erklären: »das geht ja auf das, *was nicht ist*, hinaus! d. h. es ist im Widerspruch mit der Vernunft, oder mit der hergebrachten Annahme.

לְמַד

לְאַלְתַּר, adv. aus אֶל אֲתַר mit vorgesetztem לְ entstanden, also eigentlich *zur Stelle*, d. h. *sogleich, sofort*.

כִּי לֹא In dieser Redensart hat das כִּי im Th. die Bed. von כֵּן, *nicht also*, gewöhnlich folgt אֶלָּא, *sondern* darauf, Ket. I, 6. 7. 2, 1., immer zur Bestreitung einer Forderung oder Anklage.

לְוַאי meist הַלְוַאי, wobei das ה aber blos als Dehnung vorgesetzt, wie das אַח in אַחֲלִי, Wunschpartikel, gleich dem hebr. לוּ, dessen ursprüngliche Form es ist, wie aus dem syr. ܠܘܝ und aus den längern Formen in den Targg. אֲלוַאי, אֱלְוַאי, לְוַאי zu erkennen ist: *wenn doch, dass doch, möchte doch!*

לֵיכָּא (s. אִיכָּא) aus לָא אִית כָּא zusammengezogen, *es ist nicht da*.

לְמַד intr. nur hebr., da es in der bibl. Bed. im syr. wie arab. ungebr. ist; erst in seiner thalm. Bed. ist es auch ins syr. Pa. ܠܡܕ *Schüler ausstellen, unterrichten*, und in der neuen Bildung ܠܡܕ u. ܬܠܡܕ in beide übergegangen. Die bibl. Bed. ist *sinnen, nachdenken, dichten*, dah. neben und sinnverwandt mit שָׁמַע u. שָׁמַר Deut. 5, 1. 31, 13. mit den Obj. מִשְׁפָּט, צֶדֶק, חָכְמָה, dann *lernen*, d. h. durch Nachdenken zur Annahme von Grundsätzen, הֶרֶץ Jes. 1, 17. u. zur praktischen Uebung kommen. dah. ל' מִלְחָמָה לְ' דָרַךְ, *sich angewöhnen*, ל' לְשׁוֹן עָרָף Ez. 19, 3. Pi. לִמֵּד anregen u. anleiten zu allen diesen Thätigkeiten, *lehren* durch freies Wort, *üben* durch Beispiel. Dahin gehört auch noch ל' סֵפֶר וְלָשׁוֹן Dan. 1, 4. »im Lesen und Schreiben von Schriften und im Sprechen üben.« In der thalm. Periode kommt לָמֵד u. לָמַד fast ausschliesslich mit חוֹזֵר in Verbindung vor, u. bed., auch wenn ח' ausgelassen, zunächst das schriftliche Gesetz, oder die mündlich überlieferte Halachah, oder auch beides vereint als Schüler lernen und als Lehrer mittheilen. Es wird Pflicht von einem ordinirten Lehrer zu lernen, Selbststudium wird gering geschätzt.

Ket.CXI a. אֵינוֹ דּוֹמֶה לוֹמֵד מֵעַצְמוֹ לְלוֹמֵד מֵרַב und verpönt. Ber. LXIII, b. Ob man andere Gegenstände lernen dürfe, wird in Frage gestellt, jer. Peah 1. מַהוּ שֶׁיְלַמֵּד בָּנוֹ חָכְמַת יְוָנִית. Im Schulgebrauch heisst ל׳ Schlüsse bilden nach den Regeln der thalm. Auslegekunst (s. u. דִּין u. כְּלָל), dah. *ableiten,* *beweisen.* Pes. XXV, b. הֲרֵי זָה בָּא לְלַמֵּד; ebenso wird יִלַּף u. נְמַר (w. s.) gebraucht, *anweisen* in praktischen Dingen. Joma 3,11. לְלַמֵּד עַל מַעֲשֵׂה לָחֶם הַפָּנִים Hitp. הִתְלַמֵּר *sich üben.* Meg. XXXVII, b. Dav. תַּלְמוּד. כּוֹתְבִין מְגִילָה לְתִינוֹק לְהִתְלַמֵּד u. תַּלְמִיד.

מ

מ wird in der Gem. als erst. radic. wie נ behandelt u. fällt aus, B. m. XI, b. אֲחוּלֵי אַחִיל. Aph. v. מְחַל, wird auch durch י ersetzt: לִמְחוֹל für לִיחוֹל, das. a. Ket. CIV, a. מ wird nicht blos wie im bibl. Hebr. zur Bildung von Sbst. aus Ztww. gebraucht, sondern auch vor Sbst. gesetzt, um ihnen einen umfassenderen Begriff zu geben, z. B. מְקַרְקְעֵי, *jede Art von Grundstücken,* B. m. XI, b. Es wird zur Bildung des Inf. wie im aram. auch bei hebr. WW. und in hebr. Redensarten gebraucht.

מָא aram. s. v. a. hebr. מַה, fragendes Fürwort v. Sachen: *Was.* Im Th. wird nur die gedehnte Form מַאי mit praep. אַמַּאי= מִמַּאי, לְמַאי, כְּמַאי, בְּמַאי, עַל מַאי, warum, auch, *wo?* Sabb. XCV, b. (S. Ra. z. St.)

מָאן s. מַן.

מַבְעְיָא s. בָּעְיָא.

מְגוֹ s. גּוֹ.

מַדָּה f. pl. מִדּוֹת (v. מָדַד, ausstrecken) in der Bib. nur von körperlichen Dingen, *Ausdehnung, Umfang, Grösse, Mass, Tribut,* im Th. übertr. *Eigenschaft* (v. Menschen) Ab. 6, 9. u. in nachthalm. Schriften, *Handlungs-, Verfahrungsweise,* Ab. 5, 12. אַרְבַּע מִדּוֹת, bes. v. Gott, Ber. V. a. שֶׁלֹּא כְּמִדַּת הַקָּ״בָּ״ה מִדַּת בָּשָׂר, bes. *gutes, löbliches Verhalten,* B. m. XXX, a. הָעוֹסְקִים בְּמִקְרָא מִדָּה וְאֵינָה מִדָּה. In nachthal. Schr. heisst מִדָּה Eigenschaft überhaupt, Sitte, Sittlichkeit, Tugend.

רָדַם s. מִדְרָם.

מִדְרָשׁ (v. דרש w. s.) a, Studium der Religionsgesetze im Ggs. zu deren Ausübung, auch תַּלְמוּד (w. s.) genannt, Ab. 1, 17. b, לֹא הַמִּדְרָשׁ הוּא הָעִיקָר אֶלָּא הַמַּעֲשֶׂה. Diejenige Auslegungsmethode der Bibel, welche nicht den blossen Wortsinn, פְּשָׁט, (w. s.) sondern die darin andeutungsweise liegende Halachah, oder Anderes, Moral, Historie u. s. w. herausfindet, gewöhnl. דָּרַךְ דְּרָשׁ od. דְּרָשָׁה, דְּרוּשׁ, genannt. Ned. 4, 2. מִלַּמְּדוֹ מִדְרָשׁ הֲלָכוֹת וְאַגָּדוֹת. (Die Mischnah konnte unmöglich bei diesen Wörtern an geschriebene Worte denken, sondern nur an die Kunst, aus dem Schriftworte dergleichen Auslegungen zu Tage zu fördern. Die bisherigen Auslegungen dieser Stelle geben Anlass zu Misverständnissen. S. Grätz: Gesch. d. Jud. Bnd. 4. S. 16—18 u. dazu Not. 2. S. 488. Auch hier ist die Methode vom Resultate derselben nicht scharf genug auseinander gehalten.) c, Titel zur Bezeichnung von Werken, welche die Resultate dieser Studien gesammelt. Es giebt deren viele, welche theils durch ein Wort, das sich auf ihren Inhalt bezieht, theils ihrem Anfange entlehnt ist, von einander unterschieden werden. Sie sind durch spätere Sammelwerke durch einander geworfen und sehr entstellt. Eine Wiederherstellung der ursprünglichen Gestalt der verschiedenen Midraschin hat Jellinek in dem, von ihm herausgegebenen בֵּית הַמִּדְרָשׁ zu Stande gebracht. בֵּי מִדְרָשָׁא auch בֵּית הַמִּדְרָשׁ, Lehrhaus, Schule, wo die Gelehrten studirten und auf Fragen, die für die Praxis an sie gerichtet wurden, Bescheid gaben. Bez. 3, 5. u. ö.

מוּקְצֶה s. u. קְצץ.

מוּתָר s. u. נְתַר.

מֶחְמַת praep. cigtl. *aus Gluth* v. hebr. חֵמָה mit vorges. מ, dann in Kraft, in Folge, *wegen*.

מִי hebr. pron. interr. für Personen wird im Th. den Wörtern in der Bed. eines blossen Fragezeichens vorgesetzt. מִי אָמַר *hat er gesagt?* מִי קָבַר *meint er,* auch mit dem Worte verbunden מִבַּעְיָא ist's eine Frage?

מִידִי syr. ܡܸܕܸܡ gr. μηδέν *Etwas, ein Wenig* (von Sachen und von Zeit) לָא מִידִי ganz und gar Nichts. Sabb LXXX, b.

מְיָד s. יָד.

מִיהָא, מִיהוּ u. מִיהַת cigtl. was es auch sei, adv. *wenigstens, also doch.* Git. XXXIV, a., Nid. VI, b., Ab. s. XLI, a. u. ö. Beza XXII, b. קָתָנֵי מִיהָא אֵין זֶה מִן הַמּוּכָן *Gleichwohl.* Die WW. haben nirgends, wie Einige meinen, locale Bed., so dass הָא für הָכָא הַת für הָתָם zu nehmen wäre, noch hat man nöthig auf das gr. μεῖον zurückzugehen.

מִיל *milliarium,* tausend Schritte. Joma 6,8.

מִלָּא, hebr. מִלָּה c. מִלַּת, def. מִלְתָה u. מִלְתָא, pl. מִלֵּי c. מִלִּין, def. מִלַּיָּא v. מְלַל aram. f. *Rede, Wort, Befehl,* dann wie d. hebr. דָּבָר *Sache,* von der man spricht, *Gegenstand,* dah. thalm. in der Schulsprache: *Ding an sich selbst;* so ist das oft gebrauchte מִמֵּילָא (so nach der herkömmlichen Aussprache) richtiger מִמֵּילָא, wo י für Dagesch zu erklären, *aus der Sache selbst, von selbst, aus sich,* im Ggs. v. veranlasst, geschickt durch einen Andern, B. k. III, a. הָא דַּאֲזִיל מְמֵּילָא הָא דְשָׁלַח שְׁלוּחֵי oder als Ggs. z. c. Absicht, das. IV, b. בְּגִיזְקָא דְּרַבָּנַן הָגֵיזְקָא דְּמִמֵּילָא, B. m. LXXIV, b. מִמֵּילָא רָוְחָא שְׁמַעְתָּא »Aus sich selbst dehnten sich die Mittheilungen immer weiter aus.«

מִכָּל מָקוֹם s. u. מָקוֹם.

מָמוֹן sbst. m. pl. מָמוֹנוֹת *Vermögen, Reichthum, Geld,* v. beweglichen und unbeweglichen Gütern gebraucht, daher Targ. רְכוּשׁ

und הוֹן damit übers. Das W. mag in der Vulgärsprache der Juden aus מִצְמוֹן Schatz, entstanden sein. Im Phön. ist מַצְמוֹן=מִצְמוֹן (Fürst II. W. B.) B. k. LXXXIII, b. מִימָּא רַבְמָמוֹן אֵימָא בְּמִיתָה. רִגְנֵי מָמוֹנוֹת heisst Civilprocess.

מֶמַּשׁ def. מַמְשָׁא v. מָשַׁשׁ, (wie מָמָר v. מָרַד, vgl. הֵמָם v. מָסַם). das Tast-, Greifbare im Ggs. zu טַעַם, Chol. CVIII, a. טַעְמוֹ וְלֹא מַמָּשׁוֹ Geschmack ohne die Sache, welche auch עָקָר genannt wird, das. IIC, b. unt. Dann wird מַמָּשׁ, (bisher fälschl. מַמָּשׁ gesprochen) als Partik. gebraucht: *wirklich, eigentlich, thatsächlich.* Daneben wird auch מַמְשָׁא in ders. Bed. gebraucht. Ned. XCI, b. לֵית בֵּיהּ מַמְשָׁא »Es ist Nichts daran.«

מִנְהַג s. נְהַג.

מְנַיִין bibl. מֵאַיִן Fragew. *woher?*

מִסְמָא nur als Beiw. v. אֶבֶן zur Bezeichnung einer *grossen* Last. Die Gem. erkl. Nid. LXIX, b. d. W. aus Dan. 6, 18. אֶבֶן חֲדָא וְשׁוּמַת עַל פּוּם גּוּבָּא, ein Stein des Hinlegens, wobei hinzuzudenken ist — zum Sitzen. Rap. in Er. mil. s. v. רֶבֶן findet mit Recht diese Erkl. nicht zutreffend, er will das W. v. סָמָא blind sein, herleiten, u. es soll lapis specularis oder obsidianis (soll wohl obsidianus heissen) ein Spiegel- oder Glasstein, Art Kristall gemeint sein. Es ist aber nicht einzusehen, warum man sich gerade eines solchen zum Sitzen bedient haben soll. Vergleicht man alle Stellen, so ist מסמא אבן ein Schulausdruck, womit ein Gegenstand bezeichnet ist, dessen Druck noch auf der untersten von vielen Unterlagen verspürt wird, u. d. W. mag aus maxima entstanden sein, ein sehr grosser, d. i. schwerer Stein. S. jed. סום.

מַסְקָנָא f. (v. נָסַק *heraufsteigen) Höhe, Spitze,* in den Targg. stets für מַעֲלָה Num. 34, 4. In der Schulsprache, jedoch nicht im Th. selbst, desto häufiger aber in dessen Comment., für *Ergebniss* der Discussion, *Schluss,* Resumé.

מֵעֵין nur estr. מַעְיָן praep. *nach Art, vom Inhalt, ähnlich,* aus עַיִן Blick, Ansicht (Ex. 10, 5.) mit vorges. מ gebildet. Ber. 6, 8. בְּרָכָה אַחַת מֵעֵין שָׁלֹשׁ.

מַעֲשֶׂה *Thatsache, Praxis,* Ggs. zu הֲלָכָה mündlicher Vortrag, oder שְׁמַעְתָּא Gehörtes, Ueberliefertes, wird im Th. angeführt, wenn eine oder mehrere Autoritäten ein noch zweifelhaftes Gesetz thatsächlich entschieden haben, wie Sabb. 16, letzte Mi. auch als blosse *Anzeige einer Verhandlung* wie Beza 3, 5. מַעֲשֶׂה וְשָׁאֲלוּ אֶת ר' טַרְפוֹן dann *halachischer Fall, Rechtsfall* (causa) Beza IX, a. כְּלוּם מַעֲשֶׂה בָּא לְיָדְכֶם »Ist euch eine Sache (zur gesetzlichen Entscheidung) vorgekommen?«

מָקוֹם bibl. *Ort, Stelle, Raum, Platz,* thalm. *Stellung, Fall,* als Partik. מִכָּל מָקוֹם *jedenfalls.* Im Nachsatz, wo der Vordersatz gewöhnl. mit אַף עַל פִּי beginnt, ist dieses zugebend, jenes beschränkend, *wenn auch — dennoch.* B. m. XLVIII, a. ob. In Erwägung, dass Gott Träger, also gleichsam die Stelle des Weltalls ist, wird Gott מָקוֹם genannt. Aduj. 5, 6. u. ö.

מַר *Herr,* wird als höfliche Anrede sow. in d. 2. wie 3. pers. gebraucht, *du, er.*

מַרְדוּת f. (v. רָדָה aram. züchtigen. zurechtweisen, wie hebr. יָסַר) Schulausdruck in der R. A. מַכַּת מַרְדוּת *Prügel der Besserung wegen,* eine Strafe, welche von der Religionsbehörde nach Gutdünken und in beliebiger Anzahl auferlegt wurde, zum Unterschiede v. מַלְקוּת, eine Strafe von 39 Prügeln, die in gesetzlich bestimmten Fällen ertheilt wird.

מֹשֶׁה. An vier Stellen der Gem. redet Rab Saphra seinen Opponenten mit diesem Worte an, einmal Chol. XCIII, a. erwidert ihm Raba diese Anrede. Ra. erklärt hier, sowie Sabb. CI, b. u. Suc. XXXIX, a. das Wort für eine Ehrenbezeigung sov. w. *grosser Gelehrter, wahrer Moses!* Dagegen Bez. XXXVIII, b. soll es Schwurformel sein, sov. w. *Beim Moses!* Es scheint aber, als wenn an allen vier Stellen das Wort ironisch gebraucht wäre; denn obgleich an drei Stellen שַׁפִּיר קָאָמְרַתְּ »schön gesprochen« darauf folgt, so bestreitet doch immer R. Saphra seinen Gegner, u. will das Entgegengesetzte gefunden haben.

מָשׁוֹם s. שׁוּם.

מָשַׁךְ hebr. *ziehen.* In der Schulsprache bed. es einen Gegenstand, Thier oder Sache, die man kaufen will, durch eigene Kraft in Bewegung setzen, womit der Kauf abgeschlossen wird, wozu blosse Bezahlung nicht hinreicht. Kid. XXV, b., B. k. LXXXIV b. u. ö.

מִשְׁנָה f. estr. מִשְׁנַת pl. מִשְׁנָיוֹת (v. שָׁנָה ein Zweites geben) ursprgl. jede mündliche Mittheilung zur Ergänzung oder Erklärung eines biblischen Gesetzes, daher שָׁנָה eine solche Erklärung aussprechen, mittheilen. Eine Sammlung solcher Aussprüche, die von einzelnen Lehrern, mit Sicherheit zuerst von R. Akiba (um 120 p.), schriftlich angelegt, aber nicht veröffentlicht wurde, hiess מִשְׁנָיוֹת oder auch מִשְׁנָה. Solcher gab es zur Zeit des Patriarchen R. Jehudah Hanasi (um 150 p.) mehrere. Sie wurden von ihm gesammelt, geordnet und redigirt und durch Synedralbeschluss, welcher das herkömmliche Verbot der Veröffentlichung aufhob, dem freien Gebrauche übergeben. Von jetzt ab hiess diese Mischnah des R. Jehudah schlechthin Mischnah, in den Schulen מִשְׁנָתֵנוּ *unsere Mischnah,* im Gegensatze zu andern, früher oder auch gleichzeitig angelegten Sammlungen, welche מִי חִיצוֹנָה oder בָּרַיְתָא (s. d.) äussere, exoterische Mischnah hiess. In der Gem. wird die erstere mit תְּנַן (s. u. תנה) »wir haben die Mischnah, oder in unserer Mi. heisst es,« die letztere durch תַּנְיָא »in einer Mi. heisst es« angeführt. Erst später erhielt שָׁנָה d. Bed. lernen, eigtl. eine Mi. sagen.

מָתוֹךְ s. תּוֹךְ.

מָתַי hebr. *wann* (v. מָתָה sich erstrecken) im thalm. אֵימָתַי: das אֵ ist nur als Vorschlag gebraucht u. nicht v. אַיֵּה od. אֵי herzuleiten, syr. ܐܶܡܰܬܝ, in der Gem. auch abgekürzt אֵימָת.

ב

ב hat durch seinen lautlichen Charakter als flüssiger Nasenlaut auch im Th. alle Eigenthümlichkeiten, welche im biblischen Hebraism. vorkommen. Im Th. wechselt es auch mit ל wie מַרְגָּנִיתָא neben מַרְגָּלִית, welches selbst aus margarita gebildet ist. Zuweilen wird es zum Ersatz des Dagesch eingeschoben, wie אִנְבָּא für אַבָּא, wie umgekehrt im Hebr. חִנְטָה für חִטָּה, zuweilen ausgelassen wie in אֶתְרוּנְגָא neben אֶתְרוֹג, aurantia.

ב wird zur Bildung der 3. pers. sing. fut. wie im syr. statt י gebraucht. B. m. XI, a. נְהֵוֵי שִׁכְחָה.

נְדָה, hebr. (K. ungbr.) intr. fliehen, syr. ‎ܢܰܓ ‎ܡ݁ܽܘܬ dass. Pi. fortstossen, entfernen, thalm. bannen, in den Bann legen. Ber. XIX, a. מְנַדִּין עַל כְּבוֹד הָרַב. Dav.

נִדּוּי Bann, der zweite Grad des Bannes, welcher 30 Tage dauerte, z. Untersch. v. נְוִיפָה, Verweis, der nur einige Tage dauerte, u. חֵרֶם, der stärkste, immerwährende Bann.

נָהַג hebr. treiben, führen, ar. ‎نَهَجَ instituit facere, th. üblich, gebräuchlich, obliegend, verpflichtend sein. Sabb. CXXXI, b. מִצָּה נוֹהֲגִ בַּנָּשִׁים בְּאַנְשִׁים. Dav. מִנְהָג, Gebrauch, Observanz. B. m. 7, 1. מִנְהַג הַמְּדִינָה, Welllauf, Ab. sar. LIV, b. עוֹלָם כְּמִנְהָגוֹ נוֹהֵג.

נְהִי eigtl. fut. apoc. v. הָוָה für נֶהֱוֵי es sei, als conj. obgleich, Ket. CIII, b. נְהִי רָאִינוּ מְמֻלָּא, »obgleich er nicht ausfüllt« u. ö.

נוֹטְרִיקוֹן v. notarius, Geschwindschreiber. Sabb. 12, 5.

נָזַף thalm. verweisen, bannen, vgl. נְדָה.

נָהַר thalm. (vgl. hebr. נָקַר), durchbohren — stechen — stossen ein Vieh, um es zu tödten. Chol. 5, 3. הַנּוֹחֵר. Fleisch von einem so getödteten Thiere heisst בְּשַׂר נְחִירָה das. XVII, a.

נָטַל hebr. heben, aufheben, auflegen, Pi. sich aufladen, beladen, tragen, syr. ‎ܢܩܠ schwer, beschwerlich, unbegreiflich, zweifelhaft sein. Thalm. 1. nehmen (in die Hand) Joma 4, 4. נָטַל מַחְתָּה, wegnehmen, imp. טוֹל Jom. 6, 4. part. pass. נָטוּל, entzogen. Ned. 11, 12. נְטוּלָה אֲנִי מִן הַיְּהוּדִים. Ni. fehlen Chol. 3, 2. נִיטַל הַכָּבֵד. Hi. הִטִּיל, werfen, Joma 3. 5. מַטִּילִין לְתוֹךְ הַצּוֹבֵן, הִטִּיל מַיִם, Wasser abschlagen, das. 3, 2. 2. anfeuchten, benässen, begiessen, von welcher Bed. im syr. nur adj. ‎ܢܛܝܼܠ feucht, thauig u. ‎ܢܛܺܝܠܘܼܬܐ Feuchtigkeit, Anfeuchtung gebraucht wird, im Th. d. v. nur in Bezug auf יָדַיִם u. הַגְלַיִם, Hände u. Füsse waschen, mit u. ohne ל. Ber. 8, 2. Dav. נְטִילַת יָדַיִם, das Händewaschen.

נִיהֲלֵיהּ B. m. XIX, b. u. ö., eine Verstärkung des לֵיהּ als ob לְעַצְמוֹ dabei stünde, ihm selbst, sibimet. ניה ist viell. aus נְהֵי entstanden, um grössere Bereitheit, Dasein auszudrücken.

נִיחָא s. Wohlgefallen (v. נוֹחַ) als Partik. recht, ganz recht, schön, sov. w. שַׁפִּיר welches zuw. noch dabei steht. Beza, XXVII, b. הָא נִיחָא, das ist recht, wird meist zusammengezogen הָנִיחָא.

נָמֵי nur in Gem. conj. auch, ebenfalls, desgleichen, ist viell. aus dem hebr. נַאֲם gebildet, flüstern, Orakel sprechen, so dass נְמִי, etwa: Bestätigung, Vergewisserung hiesse.

נָפַק aram (hebr. יָצָא,) thalm. sich ergeben, dah. נָפְקָא מִנֵּיהּ, das Ergebniss für die Halachah. Beza VI, b. Ende, VII, a. לְמַאי נָפְקָא מִנֵּיהּ »zu welchem halachischen Zwecke ist das vorgetragen)?« וְתֵיפוּק לֵיהּ »du hättest das folgern, herleiten können.« In der Schulsprache wird נָפַק ganz wie יָצָא (w. s.) gebraucht.

נֶפֶשׁ Willen. In der Phrase מַה נַּפְשָׁךְ. Eins oder das Andere.

נָקַט thalm. tr. halten, fassen, ergreifen,

Schulausdruck נְקִיטִינָן »wir haben angenommen« u. נְקִיטִינָן »es ist uns ein Angenommenes« d. h. es steht durch Ueberlieferung fest. Chol. LIII, a. u. ö.

נָקַף II hebr. *gebogen, rund, kreisförmig sein*, dann *kreisen*, zeitlich od. räumlich, aram. u. syr. ܢܩܦ *sich anhängen, -schliessen, sich annähern*, thalm. Hi. tr. *zusammenbringen,-stellen*, Beza 4, 5. אֵין מַקִּיפִין שְׁתֵּי חָבִיּוֹת Er. XXX, b. שֶׁלֹּא מִן הַמּוּקָּף *mit einander vergleichen*. Chol. XLVII, b. מַקִּיפִין בָּבוּעִי, sich mit Jemand in Geschäft einlassen, *borgen*. Ab. 3, 16. הַחֲנוָֹנִי מַקִּיף Daher הַקָּפָה *Schuld, Darlehen*. Scheb. XL, a. שְׁכֵנֶיהָ רוֹאִים בְּהַקָּפָה.

נְשָׁא thalm. *Frau, Weib*, pl. נְשִׁיָּא נְשִׁין‎. syr. ܢܫܐ. Der sing. kommt nur im Th. vor, da sonst immer אִתְּתָא u. אַנְתְּתָא gebräuchl. ist, auch hier nur in der R. A. בֵּי נְשָׁא. *Haus der Frau*, aus der sie stammt. B. b. XII, b., Chol. CX, a. In der Trauacte ist herkömmlich das Eingebrachte einer Frau, deren Vater gestorben ist, als מִבֵּי נְשָׁא von der Verwandtschaft, anstatt מִבֵּי אֲבוּהָ vom Vater herrührend, zu verzeichnen.

נְתַר II (K. ungebr.) tr. *abbrechen, -lösen, -scheiden, -sondern*, Gebundenes, Zusammengekettetes. Hi. *losmachen*, lösen, thalm. *erlauben* (i. Ggs. v. אָסַר) bsd. häuf. part. מַתִּיר u. מוּתָּר das Erlaubte.

ס

ס wird wie im syr., wo ש fehlt, sehr oft für d. hebr. שׂ gebraucht. Durch Schreibfehler ist es häufig mit ט verwechselt, bei Fremdwörtern ist dies auch aus Unkenntniss geschehen. So konnte man wohl aus dem sing. לִיסְטִים=λῃστής Räuber den pl. לִיסְטִים bilden; wenn aber in unsern Ausgg. auch d. sing. לִיסְטִים מְזוּיָּן lautet, so ist das ein aus Unkenntniss entstandener Fehler.

סָבַר aram. (hebr. שָׂבַר) *anblicken, besichtigen*. Neh. 2, 13. 15. Pi. *anhaltend nach etwas hinblicken, erwarten, hoffen*, mit אֶל (Ps. 145, 15.) *betrachten, meinen, denken, urtheilen, geduldig, gläubig hinnehmen, ertragen*, dah. es mit סָבַל wechselt. מִסְתַּבְרָא *es ist einleuchtend*, häuf. mit כְּוָתֵיהּ דְּפ׳ ist die Formel, womit eine zweifelhafte oder strittige Sache entschieden wird, und sind diese Stellen von den Saburäern (s. w. u.) in den Text der Gem. gesetzt. סֶבֶר der *Anblick*, gew. mit פָּנִים verbunden.

סְבָרָה Im Th. Ggs. z. הֲלָכָה. Das *Ergebniss, welches durch Nachdenken aus dieser gewonnen wird*. Diese Gedankenthätigkeit selbst heisst גְּמָר (s. d.) Im nachthalm. Hebr. heisst 'ס *Vernunft*.

סָבוּרָאֵי *Saburäer*. So hiessen die Schuloberhäupter in Babylonien, welche nach den Amoraim, als deren letzte Rab Aschi u. Rabina bezeichnet werden, wirkten und dem Th. die Gestalt gaben, in welcher er auf uns gekommen ist. Wie weit sie zu rechnen, und mit wem die Reihe der Geonim als die nächst folgenden Schulhäupter zu beginnen ist, ist noch nicht sicher festgestellt.

סְבַר II Poel *zur Ader lassen*, Nedar. LIV, b., dav. סִרְיָנָא der *Aderlass*. Diese Bed. hängt viell. mit der erst. zusammen, da nach der Vorstellung der Alten durch Aderlass eine Erleichterung des Gemüthes, ein schärferes Denken bewirkt wurde.

סְגָא thalm. *gehen* (aus dem hebr. סוג *weichen, scheiden, zurückgehen, bei Seite gehen*, wozu auch שׂיג 1. Kön. 18, 27. gehört), Ket. LXII, b. לִסְנוּיֵי בַּהֲדֵי *gleichen Schritt halten*. B. m. LII, a. לָא סָגֵי לֵיהּ *von einer Münze, die keinen Cours hat*.

סוּגְיָא *Gang, v. Menschen*. Sabb. LXVI, b. לְתַרוּצֵי סוּגְיָא »den Schritt zu regeln« übertr. -רִשְׁמַעְתָּא *Gang der Verhandlung, Gedankengang, Stellung*, welche die Discussion zu einer von mehreren Ansichten nimmt. Sanh. XXXIII, a.

7 *

סגא II aram. gross sein, wachsen. Dav.

סַגִּי *genug*, Suc. VII, a. לָא סַגִּי nicht genug, *möglich*. Ket. XCV, b. לָא סַגִּי דְּלָא יְהֵבֵי לֵיהּ »es ist nicht möglich, dass sie ihm nicht geben.« לָא סַגִּי דְּלָאו הָכִי »es kann nicht anders sein.«

סָיֵג m. (v. hebr. סוג II einzäunen) *Zaun*. Bildl. *Beschränkung* des Erlaubten, um nicht zu Unerlaubtem zu kommen. Ab. 1, 1. סָיָג לַתּוֹרָה Das. 3, 13. Sprüchw. סָיָג לַחָכְמָה שְׁתִיקָה d. eine hilft, dass das andere nicht davon laufe, so auch die andern dort genannten Dinge.

סוֹט thalm. u. zw. nur im Hi. הֵסִיט (lässt sich auf hebr. שָׂטָה, aram. סְטָא, syr. ܣܛܳܐ, arab. ساط zurückführen, wo es überall weichen, sich abwenden, zukehren bed.) nur zur Bezeichnung des Schulbegriffs, *einen Gegenstand dadurch unrein machen, dass ein Unreiner ihn in Bewegung setzt*. Sab. 5, 7. 8. Dav.

הֶיסֵט u. הֶסֵּט *verunreinigende Bewegung*, B. b. IX, b. הֶסֵּט נְבֵלָה. Wenn Targ. Jon. Lev. 11, 28. וְדִינוּשָׁא mit וְדִייסִיט übersetzt, so ist das kein Beweis, dass dies. W. aram. ist, wie die Lexica anführen, sondern der von Th. abhängige Uebersetzer hat einen thalm. Begriff auf die Stelle übertragen.

סוּם aram., syr. ܣܘܡ hebr. שׂוּם, arab. سام *legen, auf-, unterlegen*. Dav.

מְסָמָא (s.d.) *Unterlage*. So hat Jon. das Wort verstanden, da er zu Ez. 43, 14 וְעֶזְרָה damit übers., wo es Zimmerdecke, Plafond bed. muss. Im Th. wird es als Beiw. zu אֶבֶן gebraucht. Kel. 1, 3. Sabb. LXXXII, b. Nid. LXIX, b. u. a., u. kann Auflegestein heissen. Ein. lesen מַסְמָא, u. wollen es v. maxima erkl. A. noch anders.

סוּם III (K. ungebr.) Pa. סָרֵי *beendigen*, Ber. XXXIII, b. הִמְתִּין לוֹ עַד דְּסָרֵים *vollständig erledigen*, לִכְרֵי שֶׁבָּהּ סָיַמְתִּינָהּ *das genau bestimmen*. B. b. XI, a. דְּלָא סָיְימוּהָ קַמֵּיהּ. Der Schulsprache angehörig ist Ethp. אֶסְתַּיֵּים *schliessen*. B. m. XLI. הָסְתַּיֵּים רַב הוּא u. ö. Das W. hat weder im hebr. noch im syr. od. arab. diese Bed.

סוֹף hebr. Ende, Schluss, Ggs. zu רֹאשׁ. Im Th. hat es häufig auch d. Bed. *das, was nachher kommt*, posterius, Sabb. C, b. heisst סוֹפוֹ לָנוּחַ sogar, es wird *sofort* ruhen. Was ganz zuletzt kommt, wird mit סוֹף סוֹף bezeichnet; übertr. heisst dies auch: *Alles zugegeben*.

סוּת (K. ungebr.) *stechen, stacheln, anregen*, stimulavit, instigavit. Hiph. הֵסִית, *anreizen, verführen*, Dav. im Th.

הֶסֵּת nur in Verbindung mit שְׁבוּעָה, zur Bezeichnung eines Eides, der von den Rabbinen, ohne biblisch begründet zu sein, dem Verklagten auferlegt wurde, wenn er die Forderung des Klägers ableugnete, und kein erheblicher Verdacht gegen ihn vorlag. Da dieser Eid nur als Abschreckungsmittel gegen das Leugnen, oder zur Anspornung, die Forderung des Klägers einzugestehen, angewendet wurde, so nannte man ihn שְׁבוּעַת הֶיסֵת, *Anspornungs-*, gleichsam *Verführungseid*. Scheb. XL, 1.

סִיַּע arab. ساع begleiten, syr. ܣܝܰܥ sich Jemandem zugesellen, thalm. Pa. *helfen, unterstützen*, Sabb. CIV. a. נָא לְטַבְדָּ fen. Ithp. מִסְתַּיְיעָא מִלְתָא אוֹחִי. כְּסָרִיעִין, die Sache half sich, d. h. es bot sich günstige Gelegenheit. Als Schulausdruck: *eine Mi. od. Bar. zur Unterstützung einer Ansicht anführen*. Ber. XXIV, a. לֵימָא מְסַיַּיע לֵיהּ, sehr häuf.

סֵיפָא *Das Folgende*. So heisst der nach dem ersten Theile, רֵישָׁא, folgende Theil einer zu erklärenden Stelle, *der letzte*, wenn er nur zwei hat. Für Unterabtheilungen wird סֵיפָא דְרֵישָׁא u. s. w. gebraucht.

סָמַךְ hebr. eigtl. *dicht an Etwas anliegen*. Ps. 88. 8. עָלַי סָמְכָה חֲמָתֶךָ. Dein Zorn ist dicht auf mir, d. h. drückt mich, dah. im Th. סָמוּךְ *nahebei, kurz vor oder nach*, Meg. III, b. כָּל הַסָּמוּךְ לוֹ, Sabb. 1, 2. סָמוּךְ לְמִנְחָה, kurz vor der Vesperzeit. Ber. XXI, b. דָּרֵשׁ סְמוּכִין, *zusammenstehende Schriftstellen*. Dann *sich auf Etwas stützen, legen, lehnen*, יַד עַל ס die Hand auflegen bei den Opferthieren, welches im Th. mit ס allein ausgedrückt wird, Chag. 2, 2. 3. לִסְמוֹךְ. Weil nach Vorgang von Num.

27, 18. die Weihe zu einem Amte durch Handauflegen bewirkt wurde, so heisst סָמךְ ordiniren, סְמִיכָה, Ordination. Sanh. XIV, a. בְּנֵי סָמךְ שָׁם חֲמִשָּׁה וְזָקְנִים, Pes. XLIX, a. סְמִיכֵי, ordinationswürdige, d. h. gelehrte Söhne.

סָפַג für d. hebr. סָפַק, stossen, schlagen, strafen, züchtigen. Hi. 34, 26. Nach Analogie v. לְקָה hat das Part. act. סוֹפֵג wie לְקֵה, pass. Bed. Kil. 8, 3. סוֹפֵג אֶת הָאַרְבָּעִים »er erhält die Geisselstrafe,« vgl. Mak. 1,1. לוֹקֶה אַרְבָּעִים. Der Grund ist im Schulbegriffe zu suchen, wonach bei diesen Zeitwörtern nur an die rechtliche Folge gedacht wurde, so dass לָקֵה u. סָפַג heisst: die Strafe verwirken.

סְפוֹג σπόγγος Schwamm. Dav.

סָפַג II. den. bestreichen. Seb. 6, 5. סְפוֹג בְּמֶלַח. Nithp. Joma 3, 4. נִסְתַּפֵּג, sich abtrocknen.

סָפַר hebr. tr. hat im Th. alle Bedd. des bibl. Hebraism., ausserdem noch die wie im syr. ܣܦܪ u. arab. سفر scheeren. (Dav. תִּסְפּוֹרֶת סְפָרַת מִסְפָּרַיִם.) Der Schule eigenthüml. ist die Bed.

סוֹפֵר Gelehrter im Ggs. zu בּוֹר. Ber. XLV, a. סוֹפֵר מְבָרֵךְ וּבוֹר יוֹצֵא u. סוֹפְרִים zur Bezeichnung der ältesten, nicht mehr namentlich bekannten Lehrer der Tradition, auf welche mancherlei gesetzliche Institutionen zurückgeführt werden. Jeb. 2, 4. שְׁנִיּוֹת אֵין דִּין דִּגֵּן דִּבְרֵי. Pes. LXVI, a. מִדִּבְרֵי סוֹפְרִים. D. Bed. ist in der Bibel nicht als Part. v. סָפַר, sondern aus סֵפֶר hergeleitet, wie שַׁעַר v. שַׁעַר. בֹּקֶר v. בָּקַר. u. will sagen, Buchverständiger, Buchmacher, Gelehrter, dah. auch hoher Beamter, 2. Kön. 18. 18. u. ö. besd. ab. 1. Chr. 27, 32, neben מֵבִין u. als Prädik. v. Esra 7, 6. מָהִיר ס' u. Neh. 8, 1. הַסֹּפֵר. Wenn daher die Gem. b. Kid. XXX, a. den Grund dieses Titels auf das Zählen der Buchstaben der h. S. oder jer. Schek. 5. Hal. 1.

auf das Zusammenstellen der gesetzlichen Fälle unter gewisse Zahlen zurückführt, so kann dies sicherlich nicht als der einzige, sondern nur als auch ein, u. z. untergeordneter Grund angenommen werden. (Vgl. Frankel: Hodeg. S. 3—6.)

סָתַם hebr. tr. verstopfen, verschliessen, unterdrücken, nicht bekannt machen, חָזוֹן Dan. 8, 26. 12, 4. 9. Dah. i. Th., eine Halachah ohne Angabe einer sie vertretenden Autorität anführen, Bez. II. b. סְתַם לָן, »מַאן סְתָמֵיהּ לְמַתְנִיתִין« Wer hat die Mischnah namenlos gelassen?« Sanh. LXXXVI, a. סְתַם מַתְנִי' ר' מֵאִיר, סְתָם תּוֹסֶפְתָּא ר' נְחֶמְיָה, סְתַם סִיפְרָא ר' יְהוּדָה, סְתָם סִפְרֵי רַבִּי שִׁמְעוֹן Was namenlos in der Mischnah angeführt ist, gehört dem R. Meir an etc. Dah.

מִן הַסְּתָם u. בִּסְתָם, סְתָם adv. schlechthin, ohne nähere Angabe. Ketub. 6, 5. הַמַּפְרִישׁ בִּסְתָם Schek. 4, 7. סְתָם Ggs. בְּפֵרוּשׁ.

סְתַר aram. tr. auseinanderwerfen, zerstören, zertrümmern, thalm. aufheben, ungiltig machen. Nas. 3, 3. סוֹתֵר אֶת הַכֹּל »Soll das Erzählte dem Gesagten widersprechen?« Ein scheinbarer Nithp. dies. W. B. m. LXV, a. דְּלָא נִסְתְּרִי עַבְדֵיהּ wird von Nath. b. Jech. mit müssiggehen erklärt, und auf eine Bibelstelle עֵת לַסְתּוֹר zurückgeführt, die aber gar nicht existirt. Richtiger erkl. Ra. z. St. es v. שָׂר, wonach es heisst: den Herrn spielen; er erklärt dabei auch die grammatische Bildung des W., wonach es nicht zu סתר sondern zu שָׂרָה gehört, welches das allein Richtige zu sein scheint. Da er aber sowohl hier, wie in der Parallelstelle B. k. XCVII, a. es mit לִמַּד לִהְיוֹת בָּטֵל, sich ans Müssiggehen gewöhnen, erklärt, so hat er es wahrscheinl. vom hebr. סור II schlecht, übelriechend, verderbt, entartet sein, nach Hos. 4, 18. u. Ps. 14, 3. abgeleitet.

ע

ע wechselt mit א u. mit ה, so heisst עִירָנִית=עִרָנִית u. הָנִית städtisch. (S. Bez. XXXII, a.) מְעַבְּרִין neb. עֲבַל מְאַבְּרִין u. אָבָל. פָעְיָא=סַחְיָא Bez. VII, b. Es steht auch für ה: הָרָא=עָרָא (s. d.) Es fällt aus wie א: מַדְנִים ,מֶעְדָנִים, רָעָה für רָעֲצָה. Sabb. L, b. מִכָּא für מְעוּכָּא B. k. XXXVII, a., geht in ו über: בַּעַר=בּוֹר Ab. 2, 5. Neben dieser Behandlung des ע als Vocalbuchstaben unterscheidet der Th. doch dessen Aussprache von der des א u. erklärt eine Verwechslung für fehlerhaft. Meg. XXIV, b.

עֲבַד aram. *thuen*, i. Th. 3 Pers. עָבִיד Ber. LX, b. רָעָבִיר רַחֲמָנָא, Pi. eigtl. stark verarbeiten, dah. *gerben*. Sabb. 7, 2. הַמְעַבֵּד אֶת עוֹרוֹ. Dav. עַבְּרָן Gerber.

דְיַעֲבַד Schulwort, i. Ggs. zu לְכַתְּהִילָה (s. תְּהִילָה) *was geschehen ist, nach geschehener That.*

עֲבֹדָה u. עֲבוֹדָה in d. Bib. *Arbeit, Dienst*, im Th. *Gottesdienst*, sowohl Opfergottesdienst, dah. עֲבוֹדַת אֱלִילִים, als Gebet, Ab. 1, 2. עַל הָעֲבוֹדָה. Taan. II, a. עֲבוֹרָה שֶׁבַּלֵּב. Als Schwurformel Git. LVIII, a. הָעֲבוֹדָה »Bei der Religion!«

עוֹבְדָא f. *Begebenheit* wird wie מַעֲשֶׂה (w. s.) gebraucht.

עָבַר hebr. K. u. Pi. begatten, befruchten, bildl. als Frucht, als Folge sich ergeben, dav. עָבוּר. Im Th. ist dies. Bed. dahin erweitert, dass עָבַר Erub. 5, 1. LIII, a. von einer Stadt gebraucht wird, die einen Ausbau, Vorwerk hat, oder der man ein solches als zu ihrem Umkreis gehörig anrechnet. עִיבּוּר heisst daher *Weichbild.* Dann heisst עָבַר: einen Zuwachs geben, einem Monat, einem Jahre, אֶת הַחֹדֶשׁ ע' einen vollzähligen Monat machen, von 30 Tagen, אֶת ע' הַשָׁנָה ein Schaltjahr von 13 Monaten machen. Das Jahr selbst heisst dann שָׁנָה מְעוּבֶּרֶת, der Monat חֹדֶשׁ מְעוּבָּר, Pes. 4 Schluss, עִיבֵּר נִיסָן.

עוֹבֵר praep. (nach 2. Sam. 18, 23.) *vorher*, (Suc. XXXIX, a. לְעַשְׂיָרָן ע' erkl. d. Gem. das W. so, es heisst aber an dieser Stelle: *überholen*.) Hi. *übergehen* d. h. *Eins dem Andern vorziehen.* Pes. LXIV, b. אֵין מַעֲבִירִין עַל הַמִּצְוֹת.

עָגַן hebr. nur einmal Ni. Rt. 1, 13. *sich verschlossen halten*, von einer Frau für einen Mann, d. h. nicht heirathen wollen. Dav. i. Th. עֲגוּנָה eine Frau, die weil der Tod ihres Mannes nicht erwiesen, oder ihre Scheidung zweifelhaft ist, sich nicht wieder verheirathen darf. Der Zustand heisst עִגּוּן. Git. III, a.

עֵדָא pl. עֲדֵי s. דָּא.

עֲדַיִין gedehnte Form v. עוֹד *noch, noch immer.*

עֵדִית *die beste Sorte von Grundstükken*, im Ggs. z. זִבּוּרִית, Git. 6, 1. viell. v. gr. ήδύς entstanden.

עַד כָּאן s. כָּאן.

עָרַף hebr. überbreiten,- decken v. Teppich. Hi. übrig haben. So auch im Th. הָעֲדָפָה B. k. LXXXVII, b. *zum Ueberfluss.* Dann

עָדִיף, עֲדִיפָא adj. *besser*, eigtl. hervorragend, meist mit folgendem מִ, doch auch ohne dies. Jeb. LXXI, b. לֹא עָדִיף יוֹם הַבְּרָאתוֹ Meg. VII, a. עֲדִיפָא מָכְלְהוּ.

עוּר hebr. intr. *wach, rege sein*, tr. *aufregen, reizen, anrufen.* Ni. נֵעוֹר sich *aufmachen, angeregt sein, sich erheben.* Im Th. *in den vorigen Zustand zurück versetzen.* Bechor. XXIII, a. מָצָא בֵּין אֶת מִינוֹ וְנֵעוֹר.

Pi. I עוֹרֵר bibl. *in Aufregung bringen*, thalm. *schreien.* Mas. schen. 5 Ende כָּשֶׁל שֶׁחִיפָּה אַב דִּי הַמְעוֹרְרִין schaffte ab die Schreier, nach Sot. XLVIII, a., die, welche עֲנִיָּה schrieen. *Einwendung machen.* Git. I, 4. אִם יֵשׁ עָלָיו עוֹרְרִים.

Pi. II עִרְעֵר *erschüttern*, bibl. v. Mauern. Jer. 51, 58., thalm. *hadern, Streit suchen, krakehlen*, einen richterlichen Beschluss umstossen wollen. Git. III, a. Bez. XX, b. עָיֵן den. v. עָיַן part. עוֹיֵן anblicken, nur 1. Sam. 18, 9. Kri., in der Nebenbed. scheel, neidisch anblicken. Im Th. ist Pa. עִיֵּין häuf. gebraucht, *sehen, genau nachsehen, nachforschen* Kid. IV, a., nach dem Zünglein der Wage schauen, *knapp wiegen*, B. b. LXXXIX, a. אֵין מְעַיְּיִין. In nachthalm. Werken wird es stets bei Citaten gebraucht. עַיֵּין siehe *nach*.

עָכַב arab. ‫عكب‬ tr. aufhalten, hemmen (K. im hebr.) Pi. עִכֵּב zurückhalten. R. hasch. 1, 6. עִכְּבָן ר׳ עֲקִיבָא כְּלוּם, als Schulausdruck: *ein fehlender Theil bewirkt, dass das Ganze als nicht geschehen, oder nicht vorhanden angesehen wird.* Seb. 5, 1. כִּיהֲנָה אַחַת מְהֵן מְעַכֶּבֶת Men. 3, 5. 6. 7. מְעַכֵּב זֶה אֶת זֶה »Eins ohne das Andere ist als nicht vorhanden anzusehen.«

עַכְשָׁו adv. d. Zeit, *jetzt, augenblicklich*, Etymologie dunkel, vermuthlich als Abkürzung aus עַר כְּדֵי שָׁעָה, od. עַר כְּשָׁעָה während der Wendung, (vgl. das deutsche: im Umwenden). Ab. 1, 14.

עָלָה neb. d. bibl. Bedd. sind dem Th. noch eigen: *anrechnen, in Rechnung kommen*. B. m. LXIX, b. אַעֲלֶה לְךָ סֶלַע בַּחֹדֶשׁ Moed k. 3, 5. שַׁבָּת עוֹלָה וְאֵינָהּ מַפְסֶקֶת »Sabbath wird (zu den Trauertagen) eingerechnet.« 2. *schätzen*, dav. עִלּוּי u. עִילּוּי *Aufbesserung, Werthsteigerung.*

עֲלַל aram., syr. ܥܰܠ *hineingehen*, eintreten, thalm. part. pass. עָלוּל *geeignet, empfänglich.* Nid. VII, b. עָלוּלִין לְקַבֵּל טוּמְאָה. Dav. מְעַיְלִי für מְעַיְילֵי *Eingang*, dah. *Freitag* מְעַיְלֵי שַׁבְּתָא, u. jeder Tag vor dem Feste heisst מְעַלֵי יוֹמָא טָבָא.

עִסָּה u. עִיסָה f. thalm. (r. hebr. עָסַם pressen, kneten) *Teig.* Chal. 1 flg. Dav. eine bsdr. Art מְעִיסָה das. 1, 6.

עִקַּר hebr. עִיקָּר thalm. eigtl. Gewinde, *Verbindung vieler Theile* (z. B. die Wurzeln eines Baumes, der Sehnen des Fusses, der Testikeln) zu einem Ganzen, dah. *Hauptsache*, Ber. 6, 7. עִיקָּר וְעִמּוֹ טְפֵלָה »Hauptspeise u. dazu Nebenkost. *Eins und Alles Gott.*« Sanh. XXXVIII, b. כּוֹפֵר בָּעִיקָּר »Gottesleugner.« Seit Maim. עִיקְרִים *Glaubenssätze*, deren er 13 aufstellte. Dav. מְעִיקְרָא von *Anfang, zuerst.*

עֲרַאי f. אֲרַאי adj. *gelegentlich, zufällig*, im Ggs. v. קֶבַע festgesetzt v. aram. עֲרַע sich ereignen. Chol. 3, 1. אוֹכְלִין עֲרַאי. Beza XXXII, b. בִּנְיָן עֲרַאי.

עָרַב hebr. *ineinander flechten, knüpfen*, *weben* (ar. ‫عرب‬ ‫عرف‬ mischen, mengen): dav. עֶרֶב Einschlag des Gewebes, Lev. 13. 48. In der thalm. Schulsprache hat es d. Bed. *an der Grenze des rabbinisch Verbotenen etwas Erlaubtes anbringen*, und so das Verbotene in das Erlaubte einbeziehen, wodurch das Erlaubte ausgedehnt wird. Es wird in drei Fällen gebraucht:

a) an der Grenze des Sabbathweges, 2000 Ellen von seinem Wohnorte, durch bereitgelegte Nahrungsmittel sich vor Sabbath einen neuen Wohnort anlegen, was zur Folge hat, dass man noch 2000 Ellen weit von dieser Stelle sich entfernen darf. Dieses Mittel heisst עֵרוּבֵי תְחוּמִין *Grenzverbindung.*

b) Da rabb. verboten ist, aus einem Privatgebiete, Haus, Hof u. dgl., Etwas in das öffentliche Gebiet, Strasse, Platz zu tragen, so wird zur Erleichterung des Verkehrs gestattet, dass alle an das öffentliche Gebiet angrenzenden Privatbesitzer jenes als der gemeinschaftlichen Benutzung übergeben erklären. Dies geschieht durch einen von Allen gemeinschaftlich zusammengebrachten, essbaren Gegenstand, der an einem, Allen zugänglichen Orte (Synagoge) aufbewahrt wird, und bewirkt, dass Alle, in jenen öffentlichen Räumen ihre Bedürfnisse tragen dürfen; es heisst עֵרוּבֵי חֲצֵרוֹת *Höfeverbindung*, oder in etwas anderer Art שִׁתּוּפֵי מְבוֹאוֹת.

c) Da es rabbin. verboten ist, an einem Festtage Nahrungsmittel auf Sabbath zuzubereiten, zu kochen etc., so wurde, um die Sabbathfreude nicht zu stören, erlaubt, von diesem Verbote Umgang zu nehmen, wenn man schon am Wochentage vor dem Feste einige Nahrungsmittel auf Sabbath vorbereitet, auf welche gestützt man am Feste das noch Fehlende zubereiten darf. Dieses Mittel heisst עֵרוּבֵי תַּבְשִׁילִין, *Speisebereitungsverbindung*. Von allen 3 Arten wird עֵרֶב als Z. W. gebraucht. Der Trakt. עֵרוּבִין, der von den beiden ersten handelt, hat davon seinen Namen, über das dritte s. Bez. 2, 1. daz. d. Gem.

עִרְבֵּב, Pi. II. *in Verwirrung bringen, betäuben*. Ro. hasch. XVI, b. לְעַרְבֵּב אֶת הַשָּׂטָן, das. auch Ithp. אִיעַרְבֵּב, Dav.

עַרְבּוּבְיָא, *Verwirrung, ungeordnet*. Kil. 5, 1.

עָרֵב sbst. (der sich als Dritter einmischt) *Bürge*, B. b. 10, 7. Sanh. XXVII, b. (ישראל) עֲרֵבִים זֶה בָּזֶה. »Ganz Israel ist (in religiöser Beziehung) solidarisch für einander verhaftet«

עַרְבוֹנוֹת *Das Uebernehmen einer Bürgschaft* Jeb. CIX, a.

עַרְבֵי=אַרְבֵי, griech. ἀρχή wie ἀρχός, ἄρχων gebraucht, der *Erste, Befehlshaber*. Ab. 1, 6. עַרְבֵי הַדַּיָּנִין, Oberrichter. D. L. A. עֹרְבֵי ist aus Missverständniss entstanden, u. Sachs hat mit Recht in seiner Ausg. des Gebetbuches die ursprüngliche L. A. wieder hergestellt.

עַרְכָאוֹת Git. 1, 5. wird von den Auslegg. als Abstrakt. gefasst und mit *Obrigkeit* erklärt, kann indess auch עַרְכָאוֹת heissen u. *Richter* bedeuten.

עָתִיד adj. hebr. *bereit, gerüstet, zukünftig*, in dies. Bed. in d. Bib. nur f. pl. עֲתִידוֹת Dt. 32, 35. Im Th. wird עָתִיד zuw. noch mit dem Zus. לָבֹא, stets für die Zukunft, gebraucht u. zur stärkern Hervorhebung, dass eine Handlung erst noch geschehen solle, dem Inf. vorgesetzt. Demai, 7. 2. אֲנִי עָתִיד לְשַׁיֵּיר, »ich werde übrig lassen.« Ab. 3, 1. אַתָּה עָתִיד לִיתֵּן, »du wirst einst geben.«

פ

פָּגוּל in der Bib. nur als sbst. פִּגּוּל Lev. 7, 18. pl. פִּגּוּלִים, Jes. 65, 4. *Abscheuliches, Verwerfliches, Verbotenes*. Dav.

Pi. פִּגֵּל in der thalm. Schulsprache *ein Opfer zu* פִּגּוּל *machen*, d. h. bei dessen Zubereitung eine gesetzlich verbotene Absicht hegen, insbesondere die Absicht es ausserhalb der Zeit oder des Raumes geniessen wollen, die von den Rabb. dafür festgesetzt waren. Seb. 3, 5. u. ö.

פָּגַם thalm. (vermuthlich eine Weiterbildung des hebr. פָּגַע) intr. *fehlerhaft, mangelhaft, verdorben sein*, tr. *eine Lücke machen, -zugestehen*. Ket. 9, 7. 8. הַפּוֹגֶמֶת כְּתוּבָתָהּ Chol. XXIX, a. קָנֶה פָּגוּם das. X, a. סַכִּין פָּגוּם, »ein schartiges Messer.« Ni. נִפְגָּם Bechor. 6, 1. 2. 4. 5. Dav.

פְּגָם *schlechter Geschmack.* Pes. XLIV, b. נוֹתֵן טַעַם לִפְגָם.

פְּגִימָה *Lücke*. Mid. 3, 4. וְהַפְּגִימָה לְקַל. דָּךְ. *Scharte, der dunkle Theil* des Neu-

mondes. Ro. hasch. XXIII, b. פְּגִימָתָהּ לִפְנֵי הַחַמָּה.

פּוּם aram, syr. ܦܘܡ nur gebr. Aph. ‎ܐܦܝܣ *bitten, überreden*, thalm. Pi. פַּיֵּיס *besänftigen*. Jom. LXXXVII, a. צָרִיךְ לְפַיְּיסוֹ Hi. *zufrieden stellen* wegen einer Forderung. Ab. sar. LXXI, a. הֵפֵס עָלַי מָנָה מָלֵךְ Scheb. XLV, a. קְרֵי דְּהָפִים דַּעְתּוֹ. (Das Zurückgehen auf πείθω, od. πεῖσις u. bei פַּיֵּיס gar auf ψῆφος ist unnöthig, da beide WW. aus dem syr. sich hinl. erklären. Das Citat bei Sachs (Beitr. S. 6) ist fehlerh. u. in 45 z. verb.)

פָּחוּת adj. (v. hebr. פָּחַת *austiefen* übertr. *vermindern*) *wenig*, nur als comparat. mit folgd. מ *weniger*. Nid. IV, b.

פְּחִיתָה f. *das Aushöhlen*. Bez. XXXII, b. פַּחַת sbst. *angebrochene Stelle*, Bez. 4, 3. *Werthabnahme* B. k. X, b.

פָּטַר hebr. intr. *hervor-, durchbrechen*,

los, *frei, ungehemmt* sein, *entlassen*, thalm. im jurist. Sinne *frei sprechen* von der Anklage, von der Schuldigkeit ein Sündenopfer zu bringen, von Sünde. Sabb. sehr häuf. פָּטוּר, frei, Ggs. חַיָב (s. d.). Man kann frei sein, wenn man Etwas gethan hat, darum kann die Sache doch verboten sein פָּטוּר אֲבָל אָסוּר. Ni. נִפְטָר, sich trennen, Abschied nehmen, Ber. XXXI, a. יִפָּטֵר אָדָם מֵחֲבֵרוֹ, scheiden aus der Welt, sterben. Them. XVI, a. בְּשָׁעָה שֶׁנִּפְטַר מֹשֶׁה. Von d. Bed. entlassen, 2. Chr. 23, 8. ist im Th. Hi. הִפְטִיר gebildet in d. Bed. *beschliessen, abschliessen*, die Mahlzeit, Pes. 10, 8. מַפְטִירִין אַחַר הַפֶּסַח, den öffentlichen Gottesdienst, Meg. 4, 10. Dies geschah gewöhnlich mit der Vorlesung einer Prophetenstelle, dah. הַפְטָרָה, im Th. jer. אַפְטַרְתָּא *Perikope* aus den Propheten.

פִּים *Loos*, Jom. 2, 2. (viell. v. פּוּס, das Vermittelnde, Befriedigende, aber syr. heisst ܦܳܣܳܐ loosen.)

פָּלַג hebr. tr. *scheiden, spalten, trennen*, syr. ܦܠܓ *theilen, zweifeln*, arab. فلج dass. thalm. *unterscheiden*, לְפָלוֹג וְלִיתְנֵי בְּדִידָהּ »man hätte in der Sache selbst unterscheiden können« — scil. wozu brauchte man den Unterschied weit her zu holen? Eine oft gebrauchte Phrase. לֹא פְּלוּג, *kein Unterschied*. Pi. *theilen*, פְּלִיגִינַן רַבְוָתָא, *streiten* פְּלִיג, sehr häufig Ethp. *getheilter Meinung sein*, מַפְלְגֵי für מִפְלְגֵי sehr häufig Hi. הִפְלִיג, *sich entfernen*, übertr. *Etwas weit hinausschieben, von sich abweisen.* Ab. 4, 3. מַפְלִיג לְכָל דָּבָר, dah. מוּפְלָג, eigtl. ein fern Abstehender d. i. *Ausgezeichneter*, Erub. LXIII, a. רַ' אַחָא בַּ' יַעֲקֹב רְמוּפְלָג, פְּלוּגְתָּא, *Streitsache*, בַּר פְּ, *Gegner*.

פְּנַאי *Musse* (v. פָּנָה.)

פָּנָה II hebr. *glänzen, scheinen, sichtbar sein*, לִפְנוֹת בֹּקֶר (dav. פָּנִים) Pi. *lichten, aufräumen, frei machen.* Dav. thalm. פְּנוּיָה פָּנוּי *ledig, unverheirathet.* Jeb. LIX, b. Ni. הִפָּנוֹת, *frei sein, Zeit haben*, Ab. 2, 4. לְכָל אַפָּיָה אַשָּׁה, Aph. אַפְנוּיֵי, Part. מוּפְנָה Schulausdruck zur Bezeichnung, dass ein Schriftwort, das zu einer Wortanalogie (גְּזֵרָה שָׁוָה) verwendet werden soll, nicht schon anderweitig ausgelegt ist, sondern dazu frei steht.

פָּסַל hebr. *behauen*, Steine; *schnitzen*, Holz; thalm. *zernichten, verderben, unbrauchbar, ungiltig, unzulässig* machen. פָּסוּל heisst ein, zur Verwendung für die Gesetzeserfüllung bestimmter Gegenstand, der eines Fehlers wegen nicht dazu gebraucht werden darf. Ro. hasch. 3, 6. שׁוֹפָר שֶׁנִּסְדַּק פָּסוּל. »Ein gespaltener Schofar ist unzulässig,« einen solchen Gegenstand dafür erklären, פּוֹסֵל. Ein Opfer wurde eines Fehlers oder einer vorschriftswidrigen Behandlung wegen פָּסוּל, durfte nicht auf den Altar kommen. Reines wurde durch Berührung eines Unreinen des untersten Grades פָּ, durfte von dem, der diesen hohen Grad von Reinheit zu beobachten hatte, nicht genossen werden.

פָּסַק trg. syr. ܦܣܩ *abschneiden, abbrechen, unterbrechen, trennen, scheiden*, dann *entscheiden, aussprechen, bestimmen*, (für den Uebergang dieser Bedd. in einander vgl. חָרַץ.נָזַר.כָּרַת u. קָצַץ) thalm. *abbrechen* die Rede. B. b. XXII, a. לֹא פָּסַק פּוּמֵיהּ מִגִּרְסָא, *aufhören*, פָּסְקוּ הַנְּשָׁמִים, *eine Strafe auferlegen*. Ket. LXII, b. פָּסְקוּ לֵיהּ תַּרְתֵּיסְרֵי שְׁנִין, *eine Summe aussetzen*. Ket. 13, 5. הַפּוֹסֵק מָעוֹת לַחֲתָנוֹ, Ni. *abgerissen sein*. Chol. 3, 1. Hi. *sich unterbrechen*. Ber. 2, 2. לֹא יַפְסִיק, *Die letzte Mahlzeit vor einem Fasttag halten*. Ket. LXIII, a. לֹא מַר אַפְסֵק וְלֹא מַר אַפְסֵק, *abbrechen* eine Vorlesung aus der Thorah. Meg. 3, 6. אֵין מַפְסִיקִין בִּקְלָלוֹת, die vier durch besondere Lectionen ausgezeichneten *Sabbate vor dem Monat Nisan* unterbrechen. Meg. 3. 4.; daher heisst ein solcher Sabbath in der Synagoge הַפְסָקָה. *richterlicher Spruch*. פְּסָק דִּין פָּסוּק Vers. פִּסְקָא *Abschnitt*.

פָּקַק thalm. *verschliessen, verstopfen.* Sabb. 24, 5. פּוֹקְקִין אֶת הַמָּאוֹר »Man verschliesst die Lichtöffnung.« Dav. פְּקָק *Laden*, das. CXXV, b. *Pfropfen*. Palpel. פִּקְפֵּק Schulausdr. eigtl. an Etw. rütteln, es *leicht nehmen*. Ab. s. XXXV, a. גְּוִיָּה חֲדָשָׁה וְאֵין

מְעַקְּרִין קָהּ «mit einer neuen Verordnung soll man es nicht leicht nehmen.« Aduj. 5. 6. מְפַקְפֵּק בִּטְהָרַת יָדָיו »er hielt nicht viel von der Händereinigung.«

פְּרוֹזְבּוּל gr. πρὸς βουλ(ήν) vor dem Rathe, d. i. eine vor Gericht abgegebene Erklärung. Git. 4, 4. Die Gem. das. XXXVI, a. gibt den Inhalt dieser Erklärung genau an: Der Gläubiger behält sich das Recht vor, sein Darlehen vom Schuldner jederzeit zurück zu fordern. Durch diese von Hillel eingeführte Institution wurde das Gesetz, welches die Verjährung der Schuld im Erlassjahre vorschrieb, ausser Kraft gesetzt. Die Gem. daselbst gibt auch Namens R. Chasda eine Erklärung des Wortes, welche aber nur als ein Versuch angesehen werden kann, denjenigen, welche Griechisch nicht kannten, das Wort in ihrem Idiome deutlich zu machen.

פָּרַט hebr. tr. sov. w. פָּרַד aram. פְּרַט syr. ܦܪܬ spalten, ar. فرط dass. scheiden, trennen, absondern, vereinzeln, thalm. eine Münze in Scheidemünze umsetzen. Maas. sch. 2, 8. הַפּוֹרֵט סֶלַע. Dav.

פְּרוּטָה eigtl. der kleinste Theil, Kel. 2, 6. כְּמוֹצִיא פְרוּטוֹת ein Wassertropfen aus einer Giesskanne, die kleinste Scheidemünze. Kid. 1, 1. כַּפְרוּטָה וּכְשָׁוֶה פְרוּטָה.

פְּרָט das Besondere im Ggs. zu כְּלָל (w. s.) das Geschlecht im Verhältniss zur Gattung. Ein eigenthüml. Schulausdruck ist פְּרָט, wenn ein Ausdruck der Schrift so aufgefasst wird, dass etwas Anderes, ihm Entgegengesetztes dadurch ausgeschlossen wird, wie יָמִים פְּרָט לַלֵּילוֹת Tage — mit Ausschluss der Nächte. מָיִמִים וְלֹא כָל יָמִים פְּרָט לְשַׁבָּת וי"ט Er. XCVI, a. כַּפְרָט partik. ins Besondere.

פָּרַךְ hebr. (ungebr.) trennen, abscheiden, abhalten (dav. פֶּרֶךְ) zerbrechen, zerschlagen, zerreiben (dav. פָּרֵךְ), aram. פְּרַךְ syr. ܦܪܟ reiben, thalm. eigtl. sich an Jmd. reiben, ihm in seiner Ansicht entgegentreten, פְּרִכִינָן לֵהּ Chag. IX, a. אִיכָּא לְמִפְרַךְ sehr. häuf. eine Einwendung gegen einen Schluss machen, welches פָּרְכָא heisst.

פַּרְנֵס Pielform aus פְּרָס (s. d.) mit eingeschobenem נ versorgen, ausstatten. Ket. 5, 2. לְפַרְנֵס אֵת עַצְמָהּ, Brod geben. B. b. VIII, a. כָּלֵב פ' Taan. XXI, a. רַבִּי פַרְנְסַנִי. Dah. Hithp. הִתְפַּרְנֵס sich ernähren. Kid. letzte Mi.

פַּרְנָס m. Versorger, Vorsteher. Chag. V, b. פַּרְנָס הַמִּתְגָּאֶה עַל הַצִּבּוּר.

פַּרְנָסָה f. Nahrungsmittel. Kid. letzte Mi. פַּרְנָסָתִי.

פְּרוֹס ein halber Monat, 14 Tage. Schek. 3, 1. פְּרוֹס הַפֶּסַח, פְּרוֹס עֲצֶרֶת, פְּרוֹס הֶחָג vierzehn Tage vor Pesach etc.

פְּרוּסָה Ein Stück.

פָּרַס hebr. auseinanderbrechen, theilen, לֶחֶם Jes. 58, 7. auch ohne לֶחֶם. Jer. 16, 7. thalm. dass. Ro. hasch. XXIX, b. לֹא יִפְרֹס אָדָם פְּרוּסָה לָאוֹרְחִים אֶלָּא אִם כֵּן אוֹכֵל עִמָּהֶם אֲבָל פּוֹרֵס הוּא לְתִנּוֹקָיו.

פְּרָס Portion, Deputat. Erub. LXXIII, a. עֲבָדִים מְקַפְּלִין פְּרָס מֵרַבֵּיהֶן, ein Mundvoll, כְּדֵי אֲכִילַת פְּרָס Chol. XXXV, a. ob.

פָּרַק hebr. tr. abbrechen, -trennen, -scheiden, -lösen, thalm. Pi. eine Frage lösen. B. m. LXXXIV, b. מְקַשִּׁי וּמְפָרְקֵי. פָּרָק m. hebr. 1. Zerreissung, Raub. 2. Scheideweg. Ob. 14. thalm. Abschnitt der Zeit, Ro. hasch. 1, 2. בְּאַרְבָּעָה פְרָקִים Ab. 5, 9. Periode der Reife der Mädchen. Mo. kat. IX. b. כְּבֹא שֶׁהִגִּיעוּ לְפִרְקָן, Abschnitt eines Schriftstückes, Buches. Ber. 2, 2. בֵּין הַפְּרָקִים Chag. IX, b. שׁוֹנֶה פִּרְקוֹ.

פְּשַׁט aram. ausdehnen, strecken, gerade machen, syr. ܦܫܛ dass. פָּשׁוּט gerade im Ggs. v. winklig. Er. 2, 1. אַרְבַּע פְּשׁוּטִין, übertr. Zweifelhaftes, oder doch Angezweifeltes gerade machen, d. h. verständlich, den gemeingiltigen Regeln entsprechend machen. Das Anzweifeln wird durch בָּעֵא, die Lösung durch פְּשַׁט ausgedrückt. Kid. IX, b. בָּתַר דְּבַעְיָא הֲדַר פַּשְׁטָהּ meist ist aber der verkürzte Ithp. dabei im Gebrauch אִיפְּשִׁיט.

פְּשִׁיטָא einfach, verständlich. Da sehr

viele Abhandlungen der Gem. mit diesem Worte beginnen, so möge hier der Schematismus der Schule, der damit eingeleitet wird, dargestellt werden. Es wird פְּשִׁיטָא gefragt, wenn der Ausspruch (meist einer Mischnah oder Baraitha) die nothwendige Folge eines allgemeinen, oder doch anderweitig bekannten Grundsatzes ist; die Frage soll also vollständig heissen: Wozu brauchte das gesagt zu werden?

Als Antwort darauf folgt meistens:

לָא צְרִיכָא Es ist nicht drängend, nicht nothwendig, nicht ausgemacht. Das soll heissen: der fragliche Ausspruch muss gerade nicht unter den bekannten Grundsatz fallen, sondern es kann etwas Besonderes ihm anhaften, wodurch es scheinen könnte, dass er nicht unter die Regel falle, darum musste gesagt werden, dass er trotz dieser Besonderheit zur Allgemeinheit gehöre. Dies wird ausgedrückt durch קָמַשְׁמַע לָן (קָא וּמַשְׁמַע לָן) »er liess es sich angelegen sein, und liess es uns hören« damit wir uns nicht irren. Es ist aber zu bemerken,

dass פְּשִׁיטָא zuweilen weggelassen ist, die Abhandlung beginnt mit לָא צְרִיכָא. Nach dem לָא צְרִיכָא pflegt das Besondere durch מַהוּ דְתֵימָא »was hättest du sagen können?« bezeichnet zu werden. Mit קָמַשְׁמַע לָן schliesst gewöhnlich die Abhandlung, und man muss aus der fraglichen Mi. oder Bar. selbst entnehmen, was man uns hören lässt, zuweilen aber folgt noch ein דְלָא oder דְּאָסוּר, דְמוּתָּר oder דְפָטוּר, דְחַיָיב, zuweilen noch ein motivirender Satz, z. B. Bez. XXXVIII, a. מֵימָר אָמַר דְלָמָא מְשַׁבַּח וכו'.

פְּשַׁר hebr. (s. v. a. פָּתַר nur als sbst. Koh. 8, 1. פֵּשֶׁר) aram. פְּשַׁר, syr. ‎ܦܫܪ auslegen, erklären, lösen, deuten, thalm. vermitteln, zwischen zwei Gegensätze die Mitte halten, dah. lau sein, Hi. mässig erwärmen. Sabb. 3, 5. כָּרֵי לְהַפְשִׁירָן nachthalm. פְּשָׁרָה Vergleich. Dav.

אֶפְשָׁר (mit א prosth.) das was zwischen dem Nothwendigen und Undenkbaren in der Mitte liegt, das Mögliche, als partik. sehr häufig, vielleicht.

צ

צָבַע (K. ungebr.) thalm. Hi. den. v. אֶצְבַּע, die Finger aufheben. Joma 2, 1. הַצְבִּיעוּ.

צַד m. hebr. pl. צָדִים, thalm. צְדָדִים, Seite, thalm. Partei, Fall, B. m. LXIII, a. צַד אֶחָד בְּרִבִּית, dav.

צָדַד den. seitwärts gehen. Jom. XXXVII, a. מְצַדֵּד אַצְדוּדֵי. Zu bemerken ist der Schulausdruck לִצְדָדִים קָתָנֵי, welcher bed.: a) eine Mi. od. Bar. soll ausser der Hauptsache, zu deren Beweis sie angeführt ist, noch nebenbei Etwas lehren, Sabb. LX, a. (S. Ra. z. St.) b) zwei Handlungen, die sich auf ein Object beziehen, werden durch einen Zusatz auf zwei Objecte bezogen. B. k. XVI, b. (S. Ra. z. St.) Der Sinn ist immer: Es ist ausser der Hauptsache, die gesagt ist, nebenbei noch Etwas hinzuzudenken.

צָהַב hebr. (vgl. זהב) eigtl. goldig sein, röthlich oder gelblich schimmern wie Gold, Ho. Esra, 8, 27, vom Kupferglanz, als adj. Lev. 13, 30. v. Haar, arab. ‎صَهَبَ rothhaarig, goldhaarig sein, aram. entfärbt, entsetzt, trüb, traurig sein. Im Th. kommen beide entgegengesetzte Bedd. vor, glänzen vor Freude, Men. LXVIII, b. צָהֲבוּ פָנָיו שֶׁל ר' י'. Chol. VII, b. u. ö.; dagegen Sanh. CV, b. צוֹהֲבִין זֶה לָזֶה, »sie betrübten einander,« Hi. Mo. kat. XXIV, b. רַבִּים מַצְהִיבִין עָלָיו »Die Menge ist betrübt.«

Die beiden entgegengesetzten Bedd. finden ihre Erklärung in der verschiedenen Meinung v. rothen Haar, das in manchen Gegenden für schön, in manchen für hässlich gehalten wird. Dav. צָהוֹב, Chol. XXIV, b. Glanz der Vogelfedern.

צָמַם hebr. (ungebr.) *flechten, binden,* dav. nur צְמִים, Hi. 18, 9. *Schlinge,* (das v. Ra. u. Ki. hierhergezogene צָמָה, H. L. 4, 1. in d. Bed. Flechte giebt keinen Sinn, es heisst Schleier) arab. صَمَّ *verknüpfen.*

צִמֵּם b *flechten,* thalm. Pi. II. צִמְצֵם, *zusammen drücken, einengen, knapp, genau nehmen.* Bechor. 2, 6. אִי אֶפְשָׁר לְצַמְצֵם (Dieses W. fehlt in allen Ausgg. der Mischnajoth, dagegen in der Mi. der Gemaraausgg. steht es; da der Sinn es fordert, so kann es nur in den Mischnajoth ausgefallen sein.) Sanh. LXXVI, b. *gewaltsam festhalten.* Nachthalm. בְּצִמְצוּם, *kärglich.* Bei den Kabbalisten סוֹד הַצִמְצוּם, das Geheimniss, wie Gott als All emanirt im Einzelnen.

צָרַב hebr. (vgl. שָׂרַף) *glühen, brennen, stechen,* (vgl. סָרַב) syr. ܨܪܒ, ar. ضرب *stechen,* ar. عرم *schlagen.* thalm. übertr. *von scharfem, stechendem Geschmack sein.* Bez. VII, a. בָּיְעֵי דְצָרִיבֵי, dann scharf hinter dem Studium her sein, dah. צוּרְבָא מֵרַבָּנָן, ein *Jünger* der Rabbinen. Taan. IV, a. צוּרְבָא מֵרַבָּנָן דְרָתַח אוֹרַיְתָא הוּא דְקָא מַרְתְּחָא לֵיהּ »Ein Jünger, der hitzig ist, die Lehre ist's, die ihn erhitzt,« wozu die Bem. Ra's, dass 'צ' מ stets ein junger Mann ist, ein älterer heisst הַהוּא מֵרַבָּנָן.

צָרַךְ hebr. (ungebr.) intr. eigtl. *heftig begehren, wünschen, streben er-, dah. bedürfen* (vgl. אָרִיוֹן r. אָבָה) ar. صرم, syr. ܣܪܟ. צָרְכֵהּ j י̈ג nur als sbst. 2. Chr. 2, 15. צָרְכֵהּ, *dein Bedarf.* Im Th. wie im syr. nur Ni. Beza XXXVI, a. לָא נִצְרְכָא u. Ithp. אִצְטְרִיךְ, sehr häufig *es ist nöthig.* Dav. צָרַךְ pl. צְרָכִים mit suff. צְרָכָיו, צָרְכָיָה, *Lebensbedarf, Nothdurft,* Nid. 9, 1. עִשְׂחָה צָרְכֶיהָ, Sot. XXXVI, v. *Beischlaf.*

צְרִיכָא sbst. *Bedeutungsvolles, Unerwartetes,* B. m. CI, a. כְּגוֹן דָא צְרִיכָא. In der Schulsprache bed. צְרִיכָא: *Was gesagt werden musste, weil es nicht gefolgert werden konnte,* da die mehreren Dinge, von denen dasselbe ausgesagt wird, scheinbar zwar gleich, aber bei näherer Prüfung doch unähnlich sind. Zu beachten ist besonders der eigenthümliche Gebrauch von לָא צְרִיכָא, wo die Negation sich auf das bezieht, was gefolgert werden soll, so dass der Sinn ist: *Es ergiebt sich nothwendig, dass nicht....es kann nicht anders sein, als dass...* Bez. XXVI, b. לְצ' דְרָאחוּ, »es kann nicht anders sein, als sie müssen brauchbar gewesen sein.« Ueber die Bed. v. 'לצ nach פְּשִׁיטָא s. u. d.

צְרִיכוּתָא heisst die Aufstellung solcher Sätze, die mit 'צ, צְרִיכָא, od. מֵרְאַצְטְרִיךְ eingeleitet werden. Das W. wird in den Commentaren des Th. häufig gebraucht.

ק

ק wird in griechischen Wörtern für k aber auch für γ und für χ gebraucht, so פְּרַקְמַטְיָא für πράγματα u. πραγματεία, קַנְקַנְתּוּם für χαλκάνθη.

ק, vor Vokalbuchstb. ק, (entstanden aus קָאֵי er steht, קָם (er steht auf) wird den Zeitww. vorgesetzt, um auszudrücken, dass sie mit einer *Energie, Absichtlichkeit, Stetigkeit,* ausgeübt werden, bildet also einen modus energicus wie im Arab. durch Vorsetzung der Partik. ـَ. Beispp. sind auf jeder Seite der Gem, קָסָבַר er ist der Ansicht, קָבָּעֵי, er fragt, קָאָמַר er sagt, קָאָתֵי er kommt. Vor Partizipien lautet die Partikel gewöhnlich קָא und steht getrennt davor, wie קָא מִבָּעֵי bei sehr häufig gebrauchten jedoch ist sie verbunden wie קָמֵירֵי, קָמַשְׁמַע.

קָאֵי thalm. für d. hebr. קוּם u. neben diesem gebraucht *stehen.* Ber. VII, a. קָאֵי אַחַד כַּרְעָא er steht auf einem Bein, *sich stützen, Etwas voraussetzen, sich beziehen,* das. II, a, תָּנָא הֵיכָא קָאֵי »Was setzt der Mischnahlehrer voraus?« Aph: אוֹקִי Part. מוֹקִי stellen. Bez. IV, a. לָא מוֹקֵי אָמוֹרָא —

קָבַל (K. ungebr.) tr. 1. *fassen, ergreifen, packen, erfassen, aufnehmen.* Pi. קִבֵּל *aufnehmen, annehmen (Lehre)* Spr. 19, 20. aram. dass. syr. ܩܒܠ Pa. dass. ar. تَقَبَّلَ sich zusammenthuen, dav. تَقابَل Haufe, Stamm. 2. *umknüpfen, umhüllen,* bildl. *sich verdüstern, verfinstern* aram. im Targ. für אָבֵל stets קְבַל. 3. intr. *stark, fest, gedrungen sein,* (v. Bauch und Rücken) hervorragen, dav. קָבֵל 2. Kön. 15, 10. *vor,* in Gegenwart קֳבֵל־עָם, *öffentlich.* Hi. part. מַקְבִּיל Ex. 26, 5. *einander gegenüberstehen,* aram. קָבֵל wie hebr. לִפְנֵי *vor.* Alle diese Bedd. sind auch im Th. gebraucht, und ausserdem noch die nur im syr. übliche ܩܒܠ eigtl. *entgegnen,* v. קְבַל ausgehend *sich widersetzen, klagen, anklagen, beweisen, schreien* (Targ. v. צָעַק יִצְעַק Ex. 22, 22. מְקַבֵּל יָקְבּוּל, Jadaj. 4, 6. 7. 8.) קוּבְלִים ר׳ גִּידָל קְבָלֵיהּ לר׳ Kid. LIX, a. אֲנוּ עֲלֵיכֶם וַיִּרָא »beklagte sich über R. Dseira.« Dav. קוּבְלָנָא *Klageweise.* Sanh. CIV, b. מַפְּאן לְקוּבְלָנָא מִן הַחוֹרָה Sinn. Es ist gesetzlich sein Leid nicht einem Andern anzuklagen, sondern dabei zu sagen לֹא עֲלֵיכֶם, »es treffe nicht euch.« Zu beachten ist bei dieser Stelle noch, dass die Klagelieder gleich dem mos. Gesetze מִן הַתּוֹרָה angesehen werden. Als Schulausdruck ist zu merken:

קִבֵּל *einen Ausspruch mündlich empfangen,* als Schüler vom Lehrer, bald von einem einzelnen Gesetze, bald vom gesammten Gesetze. Ab. 1,1.ff. מֹשֶׁה קִבֵּל תּוֹרָה מִסִּינַי. קַבָּלָה *das Empfangene,* dah. 1. *Recept, Heilmittel.* Ber. LXII, a. אֲנָא קַבָּלָה גְמִירְנָן ff. 2. *Das Ueberlieferte* im Ggs. zum Geschriebenen, worunter im Th. noch jedes biblische Buch ausser dem Pentateuch verstanden wird. Ro. hasch. VII, a. לֹא לָמְדָנוּ מִדִּבְרֵי קַבָּלָה. B. k. II, b. (S. Zunz G. V. S. 44 Anm. a.) Daher Tradition als Inbegriff des nichtgeschriebenen Gesetzes (erst in nachthalm. Werken). קִבּוּל mit בֵּית *Stelle zur Aufnahme, Höhlung.* Sabb. 6, 9.

קְבַע syr. ܩܒܥ (das hebr. קָבַע gehört nicht hierher, weder in Bed. ineinanderschlingen, betrügen, noch in der v. rund sein) *stecken, einstecken, heften, anheften, befestigen, festsetzen, bestimmen.* Jon. zu Ri. 3, 21. für וַיִּתְקָעֶהָ. Pi. Sabb. LXVII, b. מְקַבַּעַת בֵּיצִים (d. L. A. מְבַקַּעַת ist fehlerhaft) »befestigt Eier.« Sabb. XXXI, ι. קְבַעְתְּ עִתִּים לַתּוֹרָה »Hast du Zeiten festgesetzt für die Lehre?« Ber. VI, b. הַקּוֹבֵעַ מָקוֹם לִתְפִלָּתוֹ »Wer einen Ort festsetzt für sein Gebet.« Daher קֶבַע, קְבִיעָה, קְבִיעוּת. Alles, *was regelmässig,* zu einer bestimmten Zeit, oder an einem bestimmten Orte, oder in feststehender Form *ausgeführt wird,* im Ggs. zu עֲרַאי (w. s.).

קָדַשׁ hebr. *heilig, geweiht sein.* Ausser den biblischen Bedd. sind im Th. noch gebräuchlich Pi. קִדֵּשׁ 1. *ein Weib zu seinem Eheweib erklären, die Ehe schliessen,* nur vom Manne für d. hebr. לָקַח לוֹ לְאִשָּׁה dah. קִדּוּשִׁין *Trauung.* Kid. 2, 1. הָאִישׁ מְקַדֵּשׁ u. ö. 2. *waschen* (Hände u. Füsse v. Priester vor der Dienstverrichtung) Arach. XIX, b. מְקַדֵּשׁ עַד הַפֶּרֶק. Dav. sbst. קִידוּשׁ. 3. קַדֵּשׁ אֶת הַיּוֹם, *einen Tag für heilig,* d. i. *für Sabbath oder Festtag erklären,* welches sowohl im Festgebete, wie bei Tisch über Wein oder Brod geschieht, durch die Formel מְקַדֵּשׁ הַשַּׁבָּת od. הַיָּמִים, wov. sbst. קִידוּשׁ Pes. CV, a. ff. 4. (wov. jed. d. Z. W. erst nachthalm.) *das 3mal Heilig sprechen,* wov. sbst. קְדוּשָׁה u. קְדוּשָׁתָא. 5. Nach Deut. 22, 9. heisst קִדֵּשׁ einen Weinberg dem Strafgesetz von Kilajim verfallen machen. Kil. 5, 8.

קוּם hebr. intr. *sein, dastehen, feststehen.* Ausser den bibl. Bedd. sind in der thalm. Schulsprache gebräuchlich 1. *verstehen,* לְמֵיקַם עֲלֵיהּ, 2. Jemandem Etw. *erstehen,* d. h. *erhalten,* קִים לֵיהּ בְּדַרְבָּה מִנֵּיהּ »er erhält das Grössere« Pi. קִיֵּם, *ausgemacht, unbestritten sein,* קַיְמָא לָן.

קָטָן adj. m. קְטַנָּה, f. bibl. *klein, gering, jung,* thalm. *unmündig, unzurechnungs-*

קונם 49 **קשה**

fähig, (daher stets mit חֶרֶשׁ שׁוֹטֶה gleich behandelt); als Grenze diesesZustandes wird bei normaler Entwickelung für Knaben das 13., für Mädchen das 12. Lebensjahr angenommen.

קוֹנָם Angelobungsformel, womit ein Gelübde eingeleitet wird, soviel wie הֲרֵי עָלַי ich nehme auf mich. Ned. 2, 1. קוֹנָם שֶׁאֵינִי יָשֵׁן, ich nehme auf mich nicht zu schlafen. D. W. ist aus dem syr. ܩܢܘܡܐ *Person*, *Substanz*, ܩܢܘܡܐܝܬ persönlich s. v. a. hebr. עֶצֶם, genommen u. sollte bedeuten: Ich hafte mit meiner Person. Wegen des häufigen Gebrauchs der Formel wurde sie vielfach entstellt. Ned. 1, 2.

קְנָס thalm. (vgl. gr. κῆνσος lat. census) vom Gericht auferlegte Zahlung als Strafe, *Strafgeld*. Ket. 3, 1. אֵלוּ נְעָרוֹת שֶׁיֵּשׁ לָהֶן קְנָס Dav.

קָנַס den. Strafgelder auferlegen, *strafen*. Sabb. III, b. קָנְסוּ שׁוֹגֵג אַטּוּ מֵזִיד.

קָצַץ hebr. tr. *abschneiden, abhauen, abscheiden*, abgrenzen syr. ܩܨܒ *beschliessen, abmachen, übereinkommen*, thalm. dass. רִבִּית קְצוּצָה, *zugestandene Zinsen*, B. m. LXI, b. קוֹצֵץ דָּמִים, man bestimmt den Preis. Hi. הִקְצָה, Aph. אַקְצָא u. Ithp. אִתְקְצָא. Bez. XXX, b., eine Sache, die zu vielerlei gebraucht werden kann, *zu etwas Besonderem bestimmen*, part. pass. מוּקְצָה *bestimmt*. Dieses stark gebrauchte Wort hat in der Schule folgende Bedd. erhalten: מוּקְצָה heisst 1. Raum, der zur Aufnahme und Aufbewahrung gewisser Dinge bestimmt ist, z. B. *Holzschuppen*, Beza 4, 1. Er. CI, a. neben דִּיר u. סַהַר, *Heuboden*, Sabb. CXXII, a. *Obstkammer*, Bez. 4. Ende.

2. *Geweiht*, מוּקְצָה לע"א, welcher Beisatz aber meist fehlt. Themur. 6, 1. Nid. XL, ff.

3. *Ausgeschieden* von der häuslichen Benützung, daher an Sabbath und Festtagen nicht zum Gebrauche gestattet. Dies kann geschehen aus verschiedenen Gründen:

a. מ' מֵחֲמַת מְלָאכָה, weil der Gegenstand nur zur Arbeit gebraucht wird, dies wird auch מ' מֵחֲמַת אִיסוּר genannt;

b. weil er ekelhaft ist מֵחֲמַת מִיאוּס, z. B. eine Oellampe.

c. weil beim Eingange des Sabbaths oder Festtages noch nicht vorhanden, מ' מֵחֲמַת נוֹלָד, auch kurzweg נוֹלָד;

d. weil zum gewöhnlichen Gebrauche zu kostbar, מ' מֵחֲמַת חֶסְרוֹן כִּיס;

e. weil einem Andern gehörig und durch Willenserklärung vom eigenen Gebrauche ausgeschlossen. מֵחֲמַת חָלְקוֹ שֶׁל חֲבֵרוֹ Bez. XXXVII, b. S. Ra. z. St.

f. weil zum Handelsartikel absichtlich bestimmt.

קְצִיצָה f. *verabredeter Betrag, Lohn*, Schab. XLV, b. קְצִיצָה וַדַּאי מִידְכַּר.

קְרָא hebr. tr. *rufen, lesen*, thalm. *die Bibel lesen, sie studiren*, es wird von שָׁנָה (תנה) (s. d.) die mündliche Lehre studiren, später die Mi. lesen, genau unterschieden. Meg. XXIX, a. דְּקָרֵי וְתָנֵי; *vorlesen*, daher קָרָא die h. *Schrift, Bibel*, oder auch eine Stelle daraus, מִקְרָא, *Vorlesung*. מִקְרָא מְגִילָה קְרִי (i. Pausa קָרִי v. קָרָה *treffen*, auf Jem. stossen, feindlich begegnen) bibl. *Widersetzlichkeit, Widerwilligkeit*, thalm. *Zufälliges, Unerwartetes*, daher *Unangenehmes*, insbes. Pollution, unfreiwilliger Samenerguss, wodurch nach rabbinischer Verordnung der Mann unrein wurde, die Bezeichnung des Mannes ist בַּעַל קֶרִי, des Zustandes ק' רָאָה.

קָשָׁה hebr. intr. *hart, heftig sein, schwer lasten* (v. der Hand, v. Zorn) *schwierig sein* von einer Rechtssache, Deut. 1, 17, u. als adj. קָשֶׁה. Ex. 18, 26. Diese Bed. ist im Th. ausgedehnt auf Alles, was nach der Ansicht eines Schulmitgliedes einer Erklärung bedarf. Der Ausdruck קָשֶׁה לִי häufiger als sbst. ausgedrückt קַשְׁיָא לִי oder im Referat als Hi. u. Aph. הִקְשָׁה אַקְשׁוּ soll heissen: Warum ist dies gesagt, oder nicht gesagt? Der Fragesteller hat in den meisten Fällen eine Antwort dafür in Bereitschaft, zuweilen auch nicht, dann wiederholt er nach der Frage das Wort קשיא = es bleibt unerklärt, auffallend. Oft ist das Auffallende nicht in der Ansicht des Fragestellers begründet, sondern es wird ein Widerspruch nachgewiesen in zwei Schriftstellen. Sanh. XXXVIII, b. קְשׁוּ קְרָאֵי אַהֲדָדֵי, oder in der Ansicht eines Lehrers gegen einen Ausspruch der Mi. od. Bar., ק' מַתְנִיתִין' oder zwischen zwei Aussprüchen zweier, oder auch des einen und desselben Lehrers ק' דר' פלוני אר' אלמוני. ק' דר' פ' אר' פלוני. Beispiele sind fast auf jeder Seite, da die gauze Behandlung des halachischen Stoffes auf dieser Grundlage ruht. Die Gegenbehauptung: es sei nicht auffallend, wird ausgedrückt durch וּמַאי קוּשְׁיָא, auch לָא קַשְׁיָא od. לָא תְקַשֵּׁי. Git. XX, b. Statt der bestrittenen Schwierigkeit wird oft eine neue erhoben durch אִי קַשְׁיָא הָא קַשְׁיָא.

ר

Wie im Hebr. so behält auch in thalm. Wörtern, und selbst aus fremden Sprachen entlehnten ר den Charakter als liquida bei und wechselt mit ל u. נ, so מַשִׁילִין neben מַשִׁירִין, גַּרְעִינִין neben גַּלְעִינִין, אֶשְׁתַּדַּל neben אֶשְׁתַּדַּר, כַּרְבּוֹם (für das Hebr. נְחוּשָׁה) aus χαλκος, בַּר u. בֵּן, es wird eingeschoben גַּלְטוּרֵי für כְּמָא, גַּמָּא für כּוּרְסָא, גְּרַמִיד für γέλωτα, Lächerliches, Sabb. CIII, b. (Weder Ra. noch Nath. noch Buxt. haben das W. richtig erklärt.)

רָאָה hebr. tr. sehen, schauen, erblicken, wahrnehmen, erfahren. Diese bibl. Bedd. sind im Th. erweitert, so wenn part. pass. רָאוּי pl. רְאוּיִין, (Est. 2, 9.) ausersehen — erwählt heisst, heisst es im Th. geeignet, brauchbar, geziemend, würdig wie חָזֵי (s. d.) Sot. IX, a. שֶׁאֵין רָאוּי לָהּ, »was ihr nicht gebührte.« Chag. 2, 1. רָאוּי לוֹ שֶׁלֹּא בָא לָעוֹלָם, fühlen, empfinden ר' זִנְכָה רָאָה רָרִי' Der Schule angehörig sind die sbstt.

רְאִיָּה f. 1. Besuch des Tempels an den drei Hauptfesten (nach Ex. 23, 17.) Chag. 1, 1. הַכֹּל חַיָּבִין בָּרְאִיָּיה und das hierbei zu bringende Opfer, das. 2. הָרְאִיָּה שְׁתֵּי כָסֶף. 2. Wahrnehmung des Blutflusses. Sab. 1,1. הָרוֹאֶה רְאִיָּה אַחַת

רָאִיוֹן m. dass. wie רְאִיָּה 1.
רְאָיָה f. Beweis. Meg. XX, a. אֵין מְבִיאִין רְאָיָה. Sabb. CIV, b.
רָבַב hebr. zusammen thuen, -bringen, dav. nur מִרְכָּבוֹת. Ps. 144, 13. syr. ܪܟܒ, tumultarisch zus. kommen, schreien. Dav.
שָׁרַב aram. u. thalm. verwildert sein, aus-

arten, flattern, herabhängen lassen. Sab. CXLVII, b. עַרְכִּיבוּ בְּהוּ לְמַטָּה כְּכֻתָּפִים. Jon. für וְשִׁלְּחוּ Jer. 38, 6. שְׁרַכְבּוּן, nach und nach geschehen. Bez. XI, a. אִשְׁתַּרְכּוּבֵי אִשְׁתַּרְכַּב וְנָחֲתוּ »sie gingen nach und nach herunter,« in nachthalm. Schriften נִשְׁתַּרְבַּב הַמִּנְהָג »die Sitte ist ausgeartet,« hat sich eingeschlichen.

רָבָה (wozu auch רָבַב I gehört) aram. רָבָא syr. ܪܒܐ aber nur in den Formen ܪܒܐ u. ܪܒܝ, ܢܪܒܐ sonst רְבָא ar. ربو u. רַב mehren, viel, reichlich sein, sich mehren, vervielfältigen, hat in der thalm. Schulsprache, bes. im Inf. Pi. לְרַבּוֹת und part. Hi. מַרְבֶּה die Bed. hineintragen, -legen, subsumiren. Wenn nämlich ein Wort in einem Satze der Schrift gebraucht wird, das ohne Sinnstörung auch fehlen könnte, so wird angenommen, dass damit neben dem genannten Gegenstand noch ein ungenannter, aber ähnlicher angedeutet wurde. So wird berichtet Kid. LVII, a., dass ein Lehrer in die Partik. אֶת noch ein neues Object gedeutet habe, u. R. Akiba sogar in dem Satze Deut. 10, 20. אֶת ה' אֱלֹהֶיךָ תִּירָא die Andeutung gefunden habe לְרַבּוֹת תַּלְמִידֵי חֲכָמִים »Gott und die Lehrer soll man fürchten.«

רִבּוּי so hiess die Schulformel, um den umfassenderen (Gattungs-) begriff gegenüber dem מִיעוּט, dem minder umfassenden (Geschlechts-) begriff auszudrücken, deren sich R. Akiba bediente, während R. Jischmael statt dessen פְּרָט u. כְּלָל (s. d.) anwendete.

רְבוּתָא **das Grössere** bezeichnet eine Steigerung der Quantität oder Qualität, wo man nur Geringeres erwartete.

רֹב bibl. *Menge, Masse, Fülle* רֹב־חָסֶד Gnadenfülle, im Th. רוֹב u. רוּבָּא *Majorität*, wird nach der traditionellen Deutung der Stelle Ex. 23, 2. אַחֲרֵי רַבִּים לְהַטּוֹת als durchgehendes Prinzip für die rechtliche, wie überhaupt gesetzliche Entscheidung aller Fälle angenommen, und zwar nicht blos wenn sie durch Personen zum Ausdruck kommt, sondern auch wenn sie durch Sachen entsteht. Es haben daher die Rabbinen als biblischen Grundsatz angenommen: חַד בְּתְרֵי בָּטֵיל ein Verbotenes, das unter zwei ihm gleichen, aber erlaubten Dingen sich befindet, ist darin aufgegangen, und es ist nun Alles erlaubt. Doch ist dieser Grundsatz von den Rabbinen vielfach beschränkt, und bei manchen Mischungen ist erst 60 gegen 1, bei manchen 100 gegen 1, bei manchen 500 gegen 1 als Majorität, welche aufhebt, angesehen. Ferner wird angenommen, dass רוֹב der grössere Theil einer Einheit diese vertritt, und was mit dem grössern Theile geschehen ist, ist mit dem Ganzen geschehen. Die Casuistik unterscheidet hierbei noch viele Fälle, wie חֲזָקָה רוֹב הַגְאָה לְעִינַיִם, das Verb. von רוֹב zu פָּרִישׁ מֵרוּבָּא קָרוֹב u. רוֹב ,רוּבָא דְאִיתָא קַמָּן.

רַב hebr. adj. *viel, gross,* sbst. *der Grosse, Vornehme, Oberste,* syr. ܪܒܐ *Herr,* auch von Gott gebraucht, *Fürst, Meister*. Im Th. seit Gründung der Schulen durch Hillel u. Schamai Ehrentitel des Schulvorstehers, der aber nur von den Schulgenossen so, u. daher stets mit suff. d. 1. P. רַבִּי, *mein Lehrer* u. wenn er zugleich Nasi war רַבָּן, *unser Lehrer*, angeredet u. angeführt wurde. Dies bleibt so bis R. Jehudah Hanasi, wie sich aus Ab. 1. u. 2. ergiebt, dann heisst jeder ordinirte Lehrer רַב, pl. רַבָּנִין, während nicht ordinirte רַבָּנָן heissen, wie aus Sabb. XXIII, b. erhellt, מַאן דְרָחִים רַבָּנָן ה ל' בְּנֵי רַבָּנִין Einem רַבֵּינוּ. Suc. XXX, a., Sanh. XCV, b. als Bezeichnung des Aba Areka, der stets nur רַב genannt wird, indem ihm, dem ersten Amora, noch die Rechte eines Tanai zuerkannt werden. Erub. L, b. u. noch an 5 Stellen. v. mehr. רַבּוֹתַי ,רַבּוֹתֵינוּ ,רַבּוֹתָיו Sanh. XVI, b. רַבּוֹתֵינוּ שֶׁבְּבָבֶל, Chag. V, a. מְבִעַט בְּרַבּוֹתָיו, aber auch רַבָּיהוֹן u. רַבָּיְיהוּ.

רַבָּנוּת f. *Amt und Würden eines* רַב Ab. 1, 10. קְנָא אֶת הָרַבָּנוּת.

רַבְרְבָנוּת *Grossthuerei, Stolz* auf die Würde eines רַב. Pes. CIV, b.

רְגַל hebr. (nur bildl.) *hingehen, wandeln*, syr. ܓܳܫ fliessen, dav. ܓܳܫܳܐ *Fluss,* in d. Bib. nur Pi. רִגֵּל hin- u. hergehen d. i. auskundschaften, u. Hi. הִרְגִיל (st. תִּרְגִיל) Hos. 11, 3. führen, leiten, gängeln, thalm. v. K. part. pass. als adj. רָגִיל eigtl. gegängelt, d. h. *gewohnt* sein, Sabb. XXIII, b. ff. הָרְגִיל כְּבַר. Hi. הִרְגִיל *gewöhnen.* Schulausdruck: מַרְגְלָא בְּפוּמַיְיהוּ, *als Sprichwort führen* Ber. XVII, a.

רֶגֶל f. *Fuss,* pl. du. רַגְלַיִם ,רְגָלִים, *Tritte* dann (wie פְּעָמִים) *Male*; thalm. nach Ex. 23, 14. heisst jedes der 3 Freudenfeste רֶגֶל bes. in der Phrase עָלָה לְרֶגֶל, *zum Feste wallfahrten,* alle 3, רְגָלִים. R. hasch. 1, 1. Als Schulausdruck ist zu merken רַגְלַיִם לְדָבָר, die Sache hat Füsse, d. h. *Wahrscheinlichkeit.* Nas. 9, 4. (Vgl. das deutsche »Hand und Fuss haben.«)

רְגַשׁ hebr. (ungebr.) in Haufen, Massen zusammenkommen (dav. nur רֶגֶשׁ, Ps. 55, 15.) aram. רְגַשׁ, dass. syr. ܓܫ dasselbe u. *empfinden*, thalm. Hi. *Mitleid, Erbarmen fühlen*. Meg. XV, b. אוּלַי יַרְגִישׁ הַמָקוֹם Dav.

הַרְגָּשָׁה nachthalm. *Empfindsamkeit,* bes. in den Fingerspitzen, um eine Scharte in dem zum Schlachten bestimmten Messer herauszufühlen.

רַחֲמָנָא (v. hebr. רָחַם) ar. ܪܚܡܢܐ *der Barmherzige* im Th. sehr häufig als Bezeichnung: a) für Gott, b) für die Thorah, aber auch c) für Verordnungen der Rabbinen, so Sabb. CVI, a. וּמְדְאָסַר רַחֲמָנָא הַבְעָרָה. אֵצֶל בַּת כֹּהֵן.

רֵישׁ emph. רֵישָׁא syr. ܪܝܫܐ, aram. רֹאשׁ

hebr. רֹאשׁ, im Th. in allen Bedd. wie dieses, nur als Schulausdruck *erster Theil einer Mi.* od. Bar. u., wenn diese Unterabtheilungen hat, רֵישָׁא דְרֵישָׁא u. רֵישָׁא דְסֵיפָא erster Theil des ersten oder des letzten Theils etc.

רָמָה hebr. tr., aram. רְמָא, syr. ‎‎ܪܡܐ‎‎

ar. رمى, *hinwerfen, hinstürzen, zu Falle bringen*, mit List, thalm. *aufgelegt sein, obliegen* mit עַל. B. b. XXXIX, a. מִלְּתָא דְלָא רָמֵי עֲלֵיהּ, in der thal. Schulsprache, eine *Einwendung machen, entgegenhalten*, dah. רְמִיָּה. bibl. List, thalm. *Einwand*. Es unterscheidet sich von קַשְׁיָא, תְּיוּבְתָּא und אַתְקַפְתָּא (w. s.) dadurch, dass es einen Widerspruch zwischen zwei Schriftstellen רְמוֹ קְרָאֵי אַהֲדָדֵי, oder einer autorlosen Mi. od. Bar. und einer andern ebenfalls autorlosen, oder zwischen einer solchen und dem Ausspruche eines Lehrers, oder zwischen zwei Aussprüchen eines und desselben Lehrers als möglich, aber noch nicht als gewiss hervorhebt, worauf dann eine vermittelnde Erklärung (gewöhnl. durch שְׁנָה ausgedrückt) folgt, nach welcher beide Aussprüche neben einander bestehen, wobei entweder die Fälle als verschieden dargestellt, oder die Namen der Autoren geändert, meist gewechselt werden. Die Formel, mit der ein solcher Einwand erhoben wird, ist וּרְמִינְהִי (entst. aus רָמֵי אֲהִי, mit eingeschobenem נ für א) Beza IX, b. ff. das. III. a, רָמֵי דר' יהודה אדר' יהודה zwei Aussprüche des R. Jehudah werden widersprechend gefunden. Zwischen einem Ausspruch und dem andern wird וּרְמִינְהִי wiederholt. Zur Lösung des Widerspruchs werden in allen diesen Fällen die Autoren gewechselt, was mit מוּחְלָפַת הַשִּׁטָּה, ausgedrückt wird. Vgl. Git. XXVII, a., wo verschiedene Umstände für die verschiedenen Fälle angenommen werden.

Uebrigens hat וְהָא אָמְרִינַן וְהַתַּנְיָא :וְהָא חָנֵי od. אִיתְּמַר od. nur וְהָא dieselbe Bed. wie וּרְמִינְהִי.

Ithp. אִתְרְמִי, aram. *geworfen werden*. Dan. 3, 6. 15. thalm. *sich treffen, -ereignen*.

רָמַץ ar. رمض, رمص, *glühend, heiss machen* (von der Sonne, welche Sand, Steine, etc. erhitzt), dav. thalm. part. pass. רְמוּצָה Kil. 1, 2, *gedörrt, in heisser Asche gebraten*. Dav.

רֶמֶץ *heisse Asche*. Chol. VIII, a. נְכְוָה בְרַמְצָן.

רָצָה 1) intr. s. v. a. רָעָה, *sich anschliessen, zugesellen, sich mit Jmd. befreunden, an ihm Gefallen haben*; 2) tr. *begütigen, befriedigen*, daher *abtragen, -zahlen*. Diese Bed. bsd. im Hi. Lev. 26, 34. thalm. heisst הִרְצָה דְבָרִים, *Sachen zum Austrag bringen, sich mit seinem Opponenten in der Auffassung eines Gesetzes verständigen*. Chag. XIV, b. שָׁלֹשׁ הַרְצָאוֹת הֵן וכו'. Dies wird Sanh. LXVIII, a. mit der Coursbestimmung von Münzen verglichen הַרְבֵּה מָעוֹת יֵשׁ לִי לְהַרְצוֹת, womit R. Akiba sagen will: ich bedarf über manche Halachah eine endgiltige Entscheidung, die mir nur der verstorbene R. Elieser[*]) geben konnte. Die Dialektik der Schule hat sich daraus ein neues ZW. תֵּרֵץ (s. d.) gebildet.

רָשָׁה hebr. (ungebr.) eigtl. *fest, stark sein*, übertr. *im Stande sein, können, dürfen, vermögen*. Hi. *in Stand setzen, erlauben, gestatten*, Ho. *Erlaubniss erhalten*, dav. i. d. Bib. nur sbst. רִשָּׁיוֹן, *Ermächtigung*. Esr. 3. 7. Chag. XIII, a. als Citat aus einem hebr. Sirach: כַּמָּה שֶׁהִרְשִׁיתַ הִתְחַבּוֹנָן, das. XIV, b. הַרְשֵׁינִי לוֹמַר, aram.

רְשָׁא, Aph. אַרְשֵׁי, dass. syr. ‎‎ܪܫܐ‎‎ *tadeln, schellen, verklagen*. ar. رشا *fest stehen*. Dav. im Th.

רְשׁוּ cstr. רְשׁוּת, def. רְשׁוּתָא pl. רָשְׁוָיוֹת.
1. (aus d. hebr. Bed.) *Erlaubniss*, sehr häufig mit יֵשׁ u. אֵין als Z. W. gebraucht. Chag. XIII, a.

2. *Macht, Staatsgewalt, Regierung*. Ab. 1, 10. 2, 3. meist nichtjüdische, Sabb. CLI, a.

3. *Schuld*, B. k. XLVI, b. B. m. CXVIII, a. in einem Sprichwort מִמָּרֵי רַשְׁוָתָךְ פָּארֵי אִפְרַע, »von deinem Gläubiger nimm (als

[*]) Dieser wird mit einem שֻׁלְחָנִי, Tischhalter, jetzt Bankhalter verglichen, welcher den Münzen ihren Cours bestimmt.

Tagelohn), was Du bekommen kannst« (sonst rechnet er mit dir,) dah. übers. Jon. רֹאשׁ Ps. 66, 12. mit רִשְׁיָא, Gläubiger, wie Ra. Ber. VI, b. u. B. m. LXXVI, b. anführt.

4. Raum, wo Jemand das Recht hat zu verkehren, רְשׁוּת הָרַבִּים, Freiheit der Menge, רְשׁוּת הַיָּחִיד, Freiheit des Einzelnen, sehr häuf. Sabb.

רַשָּׁאי adj. berechtigt, ermächtigt. Ab. 4, 8. gestattet. Them. 1, 1.

In der Schulsprache bed. רְשׁוּת Etwas, was in der Mitte liegt zwischen einer religiösen (חוֹבָה, מִצְוָה) und einer ganz gleichgiltigen Handlung, eine solche ist zwar löblich, kann aber niemals eine gesetzlich befohlene Handlung verdrängen, muss vielmehr, wenn eine solche vorliegt, zurückgesetzt werden. Bez. 5, 2. וְאֵלוּ הֵן מָשׁוּם רְשׁוּת Hier werden sogar gesetzlich gebotene, aber ihrer Natur nach aussetzbare Handlungen dem Feiertagsgebot gegenüber רְשׁוּת genannt. Er. XL, b. רְשׁוּת לֹא קָמִיבְעֵי לִי כִּי קָמִבְעֵי לִי. חוֹבָה. Ber. XXVII, b. תְּפִילַת עַרְבִית רְשׁוּת.

שׁ

שׁ u. שׂ ursprünglich ein Buchstabe, und nur in der Aussprache durch stärkeren oder schwächern Zischlaut verschieden, wurde von den Massoreten erst durch Stellung des Punktes von einander unterschieden. Für שׂ wird im syr. immer u. im aram. meist ܣ (ס) gebraucht, daher auch so im Th., so סָבַר hebr. סָעַר. פָּסַע hebr. פָּשַׁע.

שׁ wird wie im syr. zur Bildung einer Verbalform Schafel gebraucht, in שַׁעְבֵּד. עַמֵּם v. שָׁעֲמַם. שַׁרְבֵב. שַׁחְתֵּר, dunkel, trüb sein, dah. Ket. 5, 5. שַׁעֲמוּם, Trübsinn.

שְׁאַר hebr. (K. nur שָׁאַר) intr. übrig sein, bleiben, restiren, zurück bleiben, ar. سلا übrig lassen, ـتـر übrig sein, thalm. Pi. שַׁיֵּיר als Schulausdruck, wenn in einer Mi. eine Zahl für Dinge angegeben ist und sich bei der Untersuchung heraus stellt, dass es dieser Dinge mehr giebt, so drückt die Gem. dies immer aus mit תָּנָא וְשַׁיֵּיר, der Mischnalehrer hat einen Rest gelassen. Wo angenommen werden kann, dass dies nicht aus Versehen, sondern mit Absicht geschehen sei, wird das nicht als wirklicher Rest betrachtet לֹאו שִׁיּוּרָא הוּא, da der Gegenstand etwas Besonderes hat, oder noch der Controverse unterliegt; daher folgt immer die Frage:? מַאי שַׁיֵּיר דְּהַאי שַׁיֵּיר, welches den Sinn hat: Ist hier auch wirklich ein Rest vorhanden? Dieser wird dann an-gegeben, zuweilen auch nicht. Suc. LIV, a., wo 16 solche Stellen verzeichnet sind, part. pass. מְשׁוּאָר. Neg. 10, 3. Dav. שְׁיָר.

שְׁבַח tr. hebr. aram. syr. ܫܒܚ loben, preisen, rühmen, thalm. dass. u. Hi. verbessern. B. m. CX, a. אָנוּ הִשְׁבַּחְנוּ, אֲבִיכֶם הִשְׁבִּיחַ.

שֶׁבַח def. שִׁבְחָא, Verbesserung durch natürliches Wachsthum oder Kunst. B. m. CIX, a. שֶׁבַח שִׁקְמָה.

שָׁבַט tr. als Z. W. nur im Th. gebr. ausschlagen, krämpeln. Sabb. LXXV, b. הַשּׁוֹבֵט (vgl. חָבַט). Dav. שֵׁבֶט.

שָׁבַע hebr. thalm. שֶׁבַע sieben. Git. LXIX. b. u. ö.

שֶׁבֶר pl. שְׁבָרִים (v. שבר zerbrechen) das Vernichtende, Aufhebende, dah. Quittung. B. m. 1, 7. מוֹצֵא שְׁבָרִים.

שְׁבַשׁ aram. (Pe. ungebr.) ineinander-flechten — knüpfen — wirren. Itp. bestürzt, in wirrer Bewegung sein. Dan. 5, 9. מִשְׁתַּבְּשִׁין, thalm. Pu. in aufgelöster bürgerlicher Ordnung sich befinden. Jeb. letzte Mi. הַמְּדִינָה מְשֻׁבֶּשֶׁת בִּגְיָיסוֹת. Dav.

שָׁבִישׁ def. שַׁבְשָׁא pl. שַׁבְשִׁין, Reis, Ranke, Gezweig, syr. ܫܒܫܐ dass. Ber. V, b. שַׁבְשָׁא. שָׁבְשִׁין. Onk. für שָׂרִיגִים, Gen. 40, 12. לַאֲרִיכַיָּא

שִׁבּוּשׁ m. Fehler, Irrthum (eigtl. Verwirrung, Ro. hasch. XXX, b. שָׁבוּשׁ לָךְ אֵין (.שַׁבּוּשֵׁיהּ לְמֵימַר. Jeb. LXXV, b. גְּדוֹל מִזָּה. שַׁבְּשְׁתָּא dass. B. m. XCVI, b. Sprichw. לְכוּם הוּרְפָא שַׁבַּשְׁתָּא »zu scharf schneidet nicht.« Ber. XXXVIII, b. שְׁבַּשְׁתֵּיהּ לְשַׁגּוֹלָא קְבַע Sabb. CXII, a. שַׁבַּשְׁתָא כְּיָון דְּעַל עַל. Sprichw. »Ist ein Fehler herein, bleibt er drin.«

שְׁבוּת (v. שָׁבַת abstehen — lassen dav. שָׁבַת) in der thalm. Schulsprache jede Thätigkeit, die am Sabbath oder Festtage nicht unter den rabbinischen Begriff von מְלָאכָה (Arbeit) fällt, die man aber doch als die Feier störend verbot, z. B. Reiten, Schwimmen, Musiziren, Bez. 5, 2. V, b. XXXII b. a. Sabb. CXIV, b.

שׁוּם tr. Pi. שַׁיֵּים ist entweder als Verbalstamm von שֵׁם od. als den. von demselben anzusehen u. sollte daher שָׁמָה oder שָׁמָא, wie syr. ܫܡܐ u. ܫܡ ar. سَمَّى, gebildet sein, aber es wird stets als עוּ gebraucht, Werth bestimmen, abschätzen, (weil vom Werthe auch die Geltung, Bedeutung, Wesen u. Ruf eines Dinges, also dessen שֵׁם abhängt) B. k. 5, 4. שָׁמִין אֶת הָאִשָּׁה Ni. abgeschätzt werden. B. m. XLVI, b. כָּל הַנִּישּׁוֹם Pi. B, k. VI, b. שַׁיְּימִינָן. Dav. שׁוּם m. Abschätzung, B. k. 1, 1. שׁוּם כֶּסֶף u. ö.

שַׁחְרֵר s. חָרַר.

שָׁטָה syr. ܫܛܐ thöricht sein, verächtlich sein u. tr. verachten (nur im Th. u. Targ., ist aber wohl gleicher W. mit dem hebr. שׁוּט II. umherstreifen, -schweifen, -ziehen, daher der Wortwitz, Sabb. LXVII, b. שְׁטוּתָא שׁוּטְיָא,»Brauttanz ist Narrheit«), intr. v. K. nur das part. als sbst. שָׁטֵי, dav. auch die syr. Form ܫܛܝܐ Sabb. CXXI, b. אָגִּין שָׁטְיָא מַחְנֵי שְׁטוּתָא Tham. XXXII, b. אֲנָא אַלְכְּסַנְדְּרָא הֲוֵיתִי שָׁטְיָא Umherirrender, Irrer, Narr, von Menschen, aber auch v. Thieren, Sabb. CXXI, b. כָּלְבָּא שׁוֹטֶה ש׳.

B. k. 5, 6. u. von Pflanzen Scheb. 9, 1. יַרְבּוּצִין הַשּׁוֹטִים (wird in d. Gem. Suc. XXXIX, b. nicht genau citirt) Suc. XXXII, b. הֲדַס הַשּׁוֹטֶה, wilde Myrthe. Itp. u. Nitp. אִשְׁתַּטֵּי, נִשְׁתַּטָּה, närrisch, wahnsinnig werden. Onk. für מְשׁוּגָע. Deut. 28, 34, מְשֻׁתֶּה.

שְׁטוּת def. שְׁטוּתָא Thorheit, Narrheit. שׁוּפְטָן verstärkte Form von שׁוֹטֶה durch Einschiebung von פ (wie שְׁבָט v. שׁוּט) Leichtsinniger, v. Einem, der das Seinige hingibt, ohne darauf zu achten, was er dafür erhält. B. k. LXXXV, a. B. m. XLVII, a. אָטוּ בְּשׁוּפְטָנֵי עַסְקִינָן.

שִׁיטָה auch שְׁטָה (v. שָׁט u. שׁוּט hinstrecken, -dehnen, -breiten, -reichen) hebr. pl. שִׁיטִים ein sich hinstreckender, spitzer Baum, Akazie, aram. u. thalm. pl. שִׁיטוֹת. das Zusammenhängende, sich Anreihende. Neg. 10, 6. שְׁטָה שֶׁל שֵׂעָר, Zeile einer Schrift (wofür auch שׁוּרָה) Men. XXX, a. שִׁיטָה בֵּין לְשִׁיטָה, übertr. Zusammenhang in der Ansicht über verschiedene Fälle, Consequenz ר׳ פ׳ לְשִׁישָׁתוֹ sehr häuf. neb. לְטַעְמוֹ.

שַׁיָּךְ intr. nur im Th. es kommt zu, es ist die Sache des..., scheint aus dem ar. شَأْن Sache, das wie opus, negotium est gebraucht wird, dah. häufig mit dem suff. der 2. pers. שַׁיָּךְ)»es ist deine Sache,« »es kommt dir zu,«gebraucht wird, daher mag es gekommen sein, dass ךְ als Radikal behandelt wurde. B. k. XV, a. עָבַר שַׁיָּךְ בְּמִצְוֹת. In nachthalm. Schriften angehören, zu eigen sein, dah. שַׁיָּכוּת Angehörigkeit.

שִׁיר neb. שָׁאַר def. שָׁארָא aram. m. der u. das Uebriggebliebene, der Letzte. Dan. 7, 17. Esr. 4, 9. Taan. XIII, a. אַשְׁכָּאראָ קָאֵי pl. שִׁירַיִם die Letzten Ab. 1. 2. מְשִׁירַי כְּנָסֶת הַגְּדוֹלָה. Du. שִׁירַיִם, dass. Ro. hasch. XVII, b. מְשִׂים עַצְמוֹ כְּשִׁירַיִם Nebensache, Suc. XXXVIII, a. שִׁירֵי מִצְוָה.

שִׁיוּר def. שִׁיוּרָא, dass. B. k. XV, a. לָאו שִׁיוּרָא הוּא.

---

*) Die Ableit. dies. Z. W. v. שָׁבַשׁ, Reis, ist der umgekehrte Weg, welchen Sachs einschlägt (Beitr. S. 82 u. 83), u. d. Begründung der Bed. fehlerhaft sein durch ὀβελος, virgula censoria ist zwar geistreich, aber zu weit hergeholt, da die semitische W. שב schon diese Bed. hat, wie שֹׁוֹכָב beweist, d. Pi. שִׁבֵּשׁ ist nur Verkürzung v. שַׁבְשֵׁב wie alle WW. mit gleichem An- und Auslaut.

9 *

שֶׁל Relat.-Partik., aus שֶׁ für אֲשֶׁר u. לְ entstanden, zur Bez. des Genit. in der Bib. nur Jon. 1, 7. 12. u. Kohel. 8, 17. mit בְּ praef. בְּשֶׁלְּמִי‎, כְּשֶׁלְּ‎. Im Th. gew., wenn das bestimmende Wort dem bestimmten schon durch ein pron. angehängt u. zu grösserer Deutlichkeit wiederholt wird. So Pes. 10, 3. גוּפוֹ שֶׁל פֶּסַח sein Leib — des Pesachs. Joma 4, 5. רְחוֹבָהּ שֶׁל עִיר. Ihr Platz — der Stadt u. ö.

שָׁלָה IV hebr. intr. *herabhängen, nachschleppen, zu unterst sein*, (dav. שׁוּלַיִם.

שַׁלְיָה) aram. שְׁלִי ar. ‍‍‍‍‍‍‍‍ dass. Dav. i.Tb.

שִׁלְהֵי *Ende*, Schluss. B. m. LXIV, a.

שִׁלְהֵי פִּרְקִין »Schluss des Vortrags« Ro.hasch. VI, b. שִׁלְהֵי אֲדָר בַּתְרָאָה Ausgangs Adar.

שִׁלּוּחַ u. שָׁלִיחַ (v. hebr. שָׁלַח, *schicken, senden*) aram. שְׁלִיחָא, syr. ܫܠܝܚܐ (*Sendbote, Apostel*) thalm. *Beauftragter, Bevollmächtigter, Stellvertreter*. Pes. VIII, a. שְׁלוּחֵי מִצְוָה, Git. V, b. שָׁלִיחַ נַעֲשֶׂה עֵד.

שְׁלִיחוּת f. *Auftrag, Vollmacht* חֶזְקָה שְׁלִיחַ עוֹשֶׂה שְׁלִיחוּתוֹ.

שְׁלִיחַ צִיּוֹן So steht in mehr. Ausgg. Bez. XXV, b. als Beiname eines Chama Sohn Ada's, der von Rab Nachman einen Auftrag erhält an R. Jakob, der in einer Küstenstadt des Mittelmeeres (סוּלָמָא שֶׁל צוֹר) wohnt. Ra. erklärt das W. für Bote, der nach Zion, d. i. Jerusalem entsendet zu werden pflegt. Es muss aber auffallen, dass wenn ein solcher regelmässiger Verkehr durch einen Boten zwischen Babylonien und Palästina unterhalten wurde, sonst im Th. davon keine Erwähnung geschicht, namentlich sonst nirgends ein שְׁלִיחַ צִיּוֹן genannt wird. Dann ist auch das dichterische Zion für ein so praktisches Geschäft anstössig, u. endlich war Jerusalem-Zion um diese Zeit längst nicht mehr Sitz einer Schule. Ob nun aus diesen Gründen, oder ob er wirklich d. L. A. vor sich gehabt, genug Nathan b. Jech. liest dafür שֶׁל צִיּוֹן. Dieses Wort steht auch Sabb. XVI, b. als Eigenname der Königin, Gemahlin des Alexander Jannäus, Schwester des Schimeon S. Schetach's, welche bei Jos. Flav. Salome heisst, in Ber. R. P. 101. heisst sie שְׁלֻמְצִי,

in Kohel. Midr. S. 102 שְׁלֻמְתִי u. in Safra zu Bechukotai שְׁלֻצְמָה. Nach einer L. A. bei Jech. Heilprin im Sed. had. Bl. 40. S. 2. der Karlsr. Ausg. heisst es an allen diesen Stellen שְׁלֻצְיוֹן. Man kann nun annehmen, dass שֶׁל מִינָן die nrsprgl. L. A. war, daraus wurde durch fehlerhafte Abschr. שֶׁל צִינָן. Das würde für d. Stelle in Sabb. passen, um sie mit Jos. in Uebereinstimmung zu bringen, aber die in Bez. bliebe unerklärt, daher glaube ich, dass שְׁלֻצְיָא gestanden, welches Seleucia sein sollte, dass jene Königin auch diesen Namen gehabt, und dass jener Chama aus der Stadt Seleucia war.

שָׁלָל (v. שָׁלָה) eigtl. das Nachschleppende שְׁלָל שֶׁל בֵּיצִים Eierstock. Bez. VII, a. שָׁלִיל. Das seiner Mutter nachhängende Thier. Schulausdruck für ein Junges, das in einem geschlachteten Thiere lebend gefunden wird, dem daher kein selbstständiges Bestehen zuerkannt wird, da es nicht geboren wurde. Chul. 7, 1. שְׁלוּלְיָת eigtl. *Zusammenlauf, Giessbach*. Peah 2, 1. B. k. LXI, a.

שָׁלֵם hebr. intr. *ganz, unversehrt, vollständig sein, wohlwollend, freundlich, friedlich sein*, aram. dass., syr. ܐܠܳܡ‎ auch *zugeben, übereinstimmen, entsprechen*, ar. ‍‍‍‍‍‍سَلَّم‎ sich *unterwerfen, ergeben, bsd. gottergeben sein*. Aus dem syr. u. ar. erklärt sich das thalm.

שַׁלְמָא in dem so häufig gebrauchten Schulworte בִּשְׁלָמָא, welches *zugegeben, zutreffend, trefflich* heisst, oft auch als blosses Einschiebewort gar nicht übersetzt werden kann. Es wird stets gebraucht, wenn ein Thema theilweise als richtig, theilweise als noch fraglich hingestellt wird u. hat das Eigenthümliche, dass es meist wie das lat. ajo, inquit ,in den Satz eingeschoben wird. Belege sind fast auf jeder Seite der Gem. zu finden.

שֵׁם hebr., aram. שׁוּם daneb. i. Targ. auch שְׁמִי syr. ܫܡܳܐ‎, ܫܡܳܗ‎ ar. اِسْم nach Präfix. שְׁמִי thalm. שׁוּם u. שֵׁם 1. *Zeichen, Kennzeichen* für Etwas, dah. *Namen*, 2. das *innerste Wesen*, worauf die Bezeichnung beruht, daher שֵׁם ה׳ *Wesen Gottes*, besd.

שְׁמָא

nach den Z. W. anrufen, loben, preisen, daher auch *Ruf, Ruhm.* Im Th. ist Bed. 2 erweitert auf *Grund, Ursache.* Mak. 1, 2. הַשֵּׁם הַמְבִיאָן לִידֵי מַלְקוּת, *Begriff,* das. 3, 9. לְשֵׁם מִצְוָה .לְשֵׁם גֵּרוּשִׁין, *Absicht,* אֵינוֹ הַשֵּׁם לְשֵׁם שָׁמַיִם sehr häuf. בְּשֵׁם. Dav. die Partik. כְּשֵׁם eigtl. aus demselben Grunde, dann *sowohl,* dem gewöhnl. כָּךְ *ebenso,* folgt כְּשֵׁם שֶׁהַמַּיִם בּוֹדְקִין אוֹתָהּ כָּךְ בּוֹדְקִין אוֹתוֹ Sot. 5, 1. u. ö. מָשׁוּם eigtl. aus dem Grunde d. i. *weil,* אָסוּר מִשּׁוּם דַּרְכֵי אֱמוֹרִי Sabb. 6, 10. מִשֵּׁם u. מִשּׁוּם im *Namen,* erster. meist in der Mi., letzter. i. Gem. bed., dass ein Lehrer seine Mittheilung von einem andern gehört. Auf שֵׁם ist auch שָׁמַיִם (w. s.) zurückzuführen.

שְׁמָא thalm. aus שֶׁל־מָא s. v. a. דְּילְמָא aram. u. syr. ܕܠܡܐ eigtl. *was nicht.* שֶׁ und דְּ sind Hinweisewörtchen, מָא als Fragewort im Gebrauch, hat ursprüngl. wie noch im ar. ما negative Bedeutung, so auch im aram. מָאם *nicht wenn, gesetzt nicht,* diese beiden zusammen haben dah. ganz wie hebr. אוּלַי die Bed. *vielleicht* u. werden ebenso bei Befürchtungen, Zweifeln, Hoffnung u. Verspottung gebraucht. Ab. 2, 4. שֶׁמָּא יָבֹא עָלֶיהָ לֹא תִפְנֶה. Sotah 1, 2. Jom. 1, 1. 2.

שָׁמַט intr. hebr. 1) *werfen, schleudern,* 2) *losgeben, loslassen,* ar. سمط u. شمط *fortstossen, herausziehen,* thalm. dass. Bez. XXVIII, b. שׁוֹמֵט וּמַנִּיחַ, Chol. LVII, שְׁמוּטַת יָרֵךְ, dann *entreissen, wegreissen.* B. b. CLXXIII, a. אַחַר שֶׁשָּׁמְטוּ מֵהַדְדֵי. Pi. הַשְּׁבִיעִית מְשַׁמֶּטֶת. Schab. 7, 8. »d. siebente Jahr hebt auf.« B. m. XLVIII, b. ff., wo immer מְשַׁמֵּט steht, weil die Schule nur den Begriff שְׁמִיטָה damit auf den verhandelten Gegenstand übertragen dachte.

שָׁמַיִם bibl. *Himmel,* thalm. auch *Gott.* Ned. 11, 12. שָׁמַיִם בֵּינִי לְבֵינְךָ, Ab. 4, 12. כְּמוֹרָא שָׁמַיִם, *Göttliches, Religion,* das. 2, 12. לְשֵׁם שָׁמַיִם.

שָׁמַע hebr. intr. 1) *hören, aufmerken, erhören, gehorchen, befolgen;* 2) übertr. *verstehen, einsichtig, aufmerksam sein,*

שֶׁמֶשׁ

3) *vernehmen* eine Kunde, einen Ruf, ein Gerücht, aram. u. syr. ܫܡܥ, ar. سمع dass. Ni. *gehört werden.* Pi. *laut verkünden,* Hi. *erschallen, ertönen, hören lassen,* aram. Itp. אִשְׁתְּמַע *gehorchen,* syr. ܐܫܬܡܥ] sich gehorsam erweisen, thalm. in allen diesen Bedd. u. Pi. *dienen.* Ber. XLI, b. וְנִשְׁמָעֵינָךְ, dav. שַׁמָּע, *Diener.* Ber. LXII, a. אִיל לְשַׁמָּעֵיהּ u. K. bsd. im Schulgebrauche *andeuten,* in dem so häuf. שְׁמַע מִנַּהּ u. Hi. apoc. קָמַשְׁמַע לָן u. K. שְׁמַע, *mündlichen Bericht vernehmen.* Aph. אַשְׁמַע einen solchen *erstatten,* über eine vom Vorgänger oder Lehrer tradirte Halachah, im Ggs. v. תנה שנה eine Halachah in einem geschriebenen Werke lesen. Dah.

שְׁמַעְתָּא u. שְׁמַעְתְּתָא, *entweder* eine einzelne, mündlich überlieferte, weder in der Mischnah als R. Jehudah, noch in irgend einer anderen enthaltene Halachah oder deren Gesammtheit. Diese Sonderung ist am deutlichsten wiedergegeben in dem mnemotechnischen Satze Bez. XXVIII, b. מַתְנִיתִין וּמַתְנִיתָא ר׳ מַלְכָּא שְׁמַעְתָּתָא ר׳ מַלְכְּוָן S. Ra. z. St. Wie eine solche Halachah auch in Vergessenheit gerathen konnte, ersehen wir daraus, dass an 9 Stellen, sämmtlich verzeichnet Er. X, a., Rab Joseph sagt: לָא שְׁמִיעַ לִי הָא שְׁמַעְתְּתָא »ich habe diese Halachah nicht vernommen,« und sein Schüler Abaji ihm erwidert: אַתְּ אֲמַרְתְּ נִיהֲלָן »Du selbst hast sie uns gesagt, und bei der Gelegenheit hast du sie uns gesagt.«

שַׁמֵּשׁ nur Pi. aram. syr. ܫܡܫ dass. u. wie alle mit gleichem An- u. Auslaut gebildeten Formen aus שָׁמֵם v. שֵׁם entstanden, also eigtl. zum Namen, d. i. zur äussern Darstellung, zur Repräsentation Jmds. gehören, daher *dienen, bedienen.* Dan. 7, 10. von den Engeln, die Gott dienen, thalm. dasselbe, Itp. *sich bedienen.* Ber. LII. b. לְהִשְׁתַּמֵּשׁ בְּכֵלִי u. Nitp. B. m. LXXXIV, a. כֵּלִים שֶׁנִּשְׁתַּמְּשׁוּ בּוֹ קוֹדֶשׁ als Metapher, als Euphemismus שִׂמֵּחַ שַׁמָּשׁ *leisten* was zum Bett gehört, vom Manne, Git. LXX, a. vom Weibe שִׁמְּשָׁה אֶת בֵּיתָהּ Nid. XI, a. für *Beischlafvollziehen.* Als Schulausdruck: *Famulus sein, Umgang pflegen*, was zur praktischen Ausbildung eines Rabbi gefordert wird. Ber. XLVII, b. אֲפִילוּ קְרָא וְשָׁנָה וְלֹא שִׁמֵּשׁ תַּ״חַ הֲרֵי זֶה עַם הָאָרֶץ. Dah. שִׁמּוּשׁ *praktische Ausbildung*, Ab. 6, 6. גְּדוֹלָה שִׁמּוּשָׁהּ, Ber. VII, b. בְּשִׁמּוּשׁ חֲכָמִים שֶׁל תּוֹרָה.

שַׁמָּשׁ m. *Diener* besd. bei Tische. Ber. 7, 1. הַשַּׁמָּשׁ שֶׁאָכַל כְּזַיִת, euphemistisch für penis. Nid. XI, b.

שָׁנָה I. hebr., aram. שְׁנָא syr. ܫܢܐ *ein Anderer sein, wahnsinnig sein*, ar. ثنى eigtl. zus. fallen, verdoppeln, daher *wiederholen, nochmals thun*; 2. *veränderlich sein, sich ändern*, thalm. in allen diesen Bedd. u. bibl. Formen, im Schulgebrauch מַאי שְׁנָא *was ist der Unterschied?* und לָא שְׁנָא *kein Unterschied*. Seit der Zeit und aus der Art und Weise, wie man das Schriftwort mit der Tradition verknüpfte, wurde שָׁנָה in der Bed. gebraucht: *mit dem gegebenen schriftlichen Gesetze andere, mündliche und deren Anwendung näher bestimmende* verbinden. (S. Frankel Hodegetik S. 5—8. Grätz, Gesch. d. Jud. Bnd. IV, S. 10—16 u. Not. 2. b). Diese Thätigkeit der Gesetzeslehrer hiess nun שָׁנָה, das Resultat derselben מִשְׁנָה (s. d.). Nachdem die von R. Jehudah Hanasi gesammelten und geordneten Halachoth die höchste Ansehen erhielten, hiess שָׁנָה zumeist *diese Mischnah lesen, citiren* oder *studiren*, daneben aber auch *lernen, studiren, halachische Sätze mittheilen* überhaupt, dah. Ab. 6, 1. שָׁנוּ חֲכָמִים בִּלְשׁוֹן הַמִּשְׁנָה בָּרוּךְ שֶׁבָּחַר בָּהֶם וּבְמִשְׁנָתָם.

שָׁנַן hebr. *scharf, spitzig sein* Pi. übertr. *einschärfen, einprägen, lehren* ; thalm. dass., dav.

שִׁינָּנָא *Scharfsinniger*, doch ist es zweifelhaft, ob es als Ehrenbezeichnung oder als Ironie gebraucht ist. Es kommt 21mal in der Gem. vor, verz. Ber. XXXVI, a. stets als Anruf Schemuels an seinen Schüler R. Jehudah.

שָׁעַר hebr. *spalten, theilen, zer-, auseinanderreissen* (dav. שַׁעַר u. dann wie alle Z. W., die theilen bed., vgl. בָּרָא גָּזַר קָצַץ übertr. *entscheiden, bestimmen, festsetzen* d. Preis, Werth, *abschätzen, taxiren*, aram. שְׁעַר dass. ar. ثمن *Preis bestimmen*, ܫܥܪ *urtheilen*, thalm. *das Verhältniss zweier Dinge zu einander festsetzen*. Chol. 7, 4. כֵּיצַד מְשַׁעֲרִין אוֹתָהּ. Dav.

שַׁעַר m. *Marktpreis*. B. m. 5, 7. 8. עַר שֶׁיָּצָא הַשַּׁעַר. Diese Preisbestimmung ist aber v. Th. so aufgefasst, dass deren Veränderlichkeit von dem sich stets ändernden Werthe des Geldes, nicht von den Waaren abhängig ist, daher heisst שַׁעַר הַגָּבוֹהַּ *hoher Preis*, umgekehrt wie bei uns, wenn man für wenig Geld viel Waare erhält, also das Geld hoch im Preise ist, und שַׁעַר הַזּוֹל *billiger Preis*, wenn man viel Geld für wenig Waare geben muss. S. Gem. das. LXXII, fig. u. Comm. z. St.

שִׁיעוּר m. *Mass, Grösse, Quantität*. Sabb. 7, 4. ff. שֶׁלֹּא שָׁווּ כְּשִׁעוּרֵיהֶן Joma LXXX, a. שִׁיעוּרִין הֲלָכָה לְמֹשֶׁה מִסִּינַי.

שְׁקַל hebr. *heben, emporheben*, aram. ܫܩܠ *nehmen*, syr. ܫܩܠ dass. übertr. *wägen*, thalm. dass. u. *sich im Gleichgewichte befinden, von gerader Zahl sein*. Sanh. III, b. אֵין בֵּית דִּין שָׁקוּל. Mechilta P. Jithro z. V. 1. שָׁקוּל מֹשֶׁה כְּיִשְׂרָאֵל. Ker. 6, 9. מְלַמֵּד שֶׁשְּׁנֵיהֶם שְׁקוּלִים.

שָׁרָה I hebr. tr. *lösen, loslassen*, aram. שְׁרָא *auflösen*, thalm. dass. u. als Schulwort *erlauben* neben הִתֵּר im Ggs. z. אָסַר, Sabb. XVIII, a. מוּנְקָם מַ״ט שָׁרוּ, das. שָׁרֵי »es ist erlaubt.« Aduj. 8, 4. יוֹסֵי שַׁרְיָא »Jose der Erlaubende.«

שָׁרָה II *lagern, ruhen*, thalm. *sich befinden*. Jeb. LXII, b. שָׁרוּי בְּלֹא שִׂמְחָה, Sot. XLVIII, a. יִשְׂרָאֵל שְׁרוּיִין בְּצַעַר.

שָׁרָה III (aus שָׁאַר hebr. *Fleisch, Nahrung, Kost*, Ex. 21, 10. mit Elidirung des א gebildet) *speisen*. Berach. XLVI, a. כׇּל מְבָרֵךְ לְמַדְיָר, *das Mahl beginnen*, dah. *Brod brechen*. Sanh. CII, b. מַבְרִיא נְעֵר מִשָּׁרָא Ili. *beköstigen* Ket. 5, 8. הַמַּשְׁרָה אֶת רִיפְתָא אִשְׁתּוֹ *wer seine Frau beköstigt*.

שָׁרַר I hebr. tr. *knüpfen, zus. winden,* *-drehen, -ketten, aneinander-, zus. reihen, ordnen;* dav. i. bibl. Hebr. nur שְׁרָרָה syr. ܠ fest sein, befestigen, thalm. nur gebr.

שָׁרִיר adj. *stark, fest,* Sabb. CXLV, b. דְּלָא שָׁרִיר שַׁדְרֵיהּ, dah. die Formel am Schlusse von Verschreibungen הַכֹּל שָׁרִיר וְקַיָּם B. b. CLX, ff.

ת

ת in seinem Charakter als S-Laut wie als Zischlaut wechselt mit ט: טעה=תעה, חלח=פשר=פחר,שבר=חבר;ש=רטט=רתת. ת שלש dient im Th. zur Bildung von Zeitwörtern aus Substantiven, welche durch ת gebildet sind. Solche Z. W. drücken dann die Ausführung des im Subst. liegenden Begriffes aus, z. B. nachdem aus dem hebr. רוֹם Hi. הֵרִים das sbst. תְּרוּמָה gebildet war, bildete daraus die Thalmudsprache das Z. W. תְּרַם eigtl. תְּרוּמָה *machen* — abheben. Aus תְּחִלָּה Anfang v. הֵחֵל Hi. in Mi. Gem. אַתְחֵיל, *Anfang machen,* aus אַתְרֵי u. הַתְרָאָה thalm. הוֹרָה Hi. יָרָה v. הַתְרָיָה eine *Lehre, Mahnung, Verwarnung* geben. So ist auch תָּרַץ aus רצה Hi. הֵרִיץ (s. d.) aus dem thalm. W. תֵּירוּץ gebildet u. heisst *beantworten, eine Frage lösen.* תְּפַח *blähen, Blasen bilden,* hebr. נָפַח muss aus einem Sbst. תְּפִיחָה, das zwar ungebräuchlich ist, erklärt werden. Auch syr. ܬܢܐ lehren v. ܬܢܐ ܠ Schüler gebildet. Auch תָּגַר *handeln, Händel, Streit* suchen ist als Weiterbildung v. גָּרָה, תָּבַע v. בָּעָה u. das vierbuchstabige תִּרְגַּם v. רָגַם *einstechen, -schneiden, -zeichnen* anzusehen. תֵּבָה f. hebr. (aus אָבָה *bauchig, ausgetieft* sein) in d. Bib. nur von dem Fahrzeug, in welchem Noah sich rettete, *Kasten,* thalm. *Wort,* d. h. die durch leeren Raum umgrenzten, gleichsam in einem Kästchen zusammengepackten Buchstaben. Sabb. CXV, b. תֵּבָה. תִּרְגְּמָהּ רַ"ח בְּתֵבוֹת heisst auch die *Lade,* worin die Thorah aufbewahrt wird; dah. die Redensart יָרַד לִפְנֵי הַתֵּיבָה od. עָבַר er tritt vor die Lade, d. h. versieht das Vorbeteramt. Ber. 5, 3. Taan. 2, 1. 2. Diese war früher beweglich,dah. מוֹצִיאִין אֶת הַתֵּבָה.

תְּבַר aram. syr. ܬܒܪ ܠ hebr. שָׁבַר, zerbrechen. Dav. Schulausdr. תַּבְרָא *Zergliederung,* z. Bez., dass ein mehrgliedriger Satz getheilt und auf zwei verschiedene Autoren zurückgeführt werden soll. Sabb. XCII, b. u. ö. תַּבְרָא מִי שֶׁשָּׁנָה זוּ לֹא שָׁנָה זוּ. Auffallend ist die Erklärung dies. W. b. R. Chananel als Schwur. So Tos. zu Ket. LXXV, b.

תָּדִיר (v. דּוּר, *kreisen, dauern) das Bleibende, Beständige.* Pes. CXIV, a. תָּדִיר יִשָּׁאֵינוּ תָּדִיר תָּדִיר קוֹדֵם.

תָּהָה (wov. d. hebr. תֹּהוּ) syr. ܬܗܐ ܠ u. ܬܘܗ ܠ *bedenken, zaudern.* B. b. XXXIX, b. תָּהֵי בָּהּ, »er bedachte,« überlegte, dann wie hebr. נָחַם, *sich bedenken, bereuen.*

תּוּב aram. syr. ܬܘܒ ܠ hebr. שׁוּב, *zurückkehren,* Pa. תַּיֵּיב dass. Aph. אֲתִיב syr. ܐܬܝܒ thalm. אֵיתִיב hebr. הֵשִׁיב, *zurückführen, erwiedern, widerlegen.* Als Schulausdr. wird מֵיתִיבֵי, אַיתְבֵי, u. מוֹתִיב gebracht, wenn ein solcher Einwand gegen einen Ausspruch erhoben wird, der sich in der Sache selbst nicht ausgleichen lässt, es muss dann der eine Ausspruch als nicht richtig fallen gelassen werden, was gewöhnlich mit תְּיוּבְתָּא angedeutet wird; doch wird meist der Ausweg gefunden, dass angenommen wird, die beiden Aussprüche handeln von zwei verschiedenen Sachen. Es kommt vor, dass ein Autor eine solche Widerlegung gegen sich selbst macht. Kid. L, b. וּמוֹתִיב לָהּ אִיהוּ וּמְפָרֵק לָהּ אִיהוּ. Dav. תְּיוּבְתָּא *Widerlegung, Abweisung,* B. m. XVI, a. וְהָא תְּיוּבְתָּא.

תּוּב adv. (hebr. עוֹד) *wieder, abermals, ferner.*

תָּחֵם thalm. (K. ungbr.) syr. Pa. ܬܚܶܡ arab. تَحَمَ‎ *begrenzen, abstecken, Grenze ziehen.* B. b. LVI, a. תִּיחֵם יְהוֹשֻׁעַ אֶת הָאָרֶץ Dav.

תְּחוּם def. תְּחוּמָא pl. תְּחוּמִין, *Grenze*, insbes. die vom Wohnorte aus am Sabbath zum Gehen erlaubte Strecke von 2000 Ellen; תְּחוּם שַׁבָּת (i. u. T. Sabbatherweg) Erub. LI, b. flg., auch meist תְּחוּם schlechthin, das. 4, letzte Mi. Das Mittel diese Strecke zu verdoppeln hiess עֵרוּבֵי תְּחוּמִין (s.) עֵרוּב.

תֵּיקוּ Schulwort whrschl. aus תְּהֵי קָאֵי *es bleibe stehen*, gebildet. wird immer gebraucht, wenn solche minutiöse Fragen gestellt sind, worauf sich keine Antwort geben lässt. Weder d. Erklärung der Alten als Abkürzung von תִּשְׁבִּי יְתָרֵץ קוּשְׁיוֹת וּבְעָיוֹת noch die der Neuern v. gr. 9 *?* ist begründet.

תַּלְמוּד (v. לָמַד lernen) thalm. das *Lernen, Studiren*, erst in der Gem. gebr., wofür in Mi. noch לִמּוּד denn der Satz Ab. 4, 13. הֱוֵי זָהִיר בְּתַלְמוּד שֶׁשִּׁגְגַת לִמּוּד lautet B. m. XXX, b. הֱוֵי זָהִיר בְּתַלְמוּד וכו׳ bes. *Anweisung, Andeutung* der Schrift, dah. der Ausdr. für Belege תַּלְמוּד לוֹמַר »die Schrift sagt,« *Theorie* im Ggs. zu מַעֲשֶׂה Praxis. Kid. XL, b. תַּלְמוּד גָּדוֹל אוֹ מַעֲשֶׂה *Lehrsatz*. Scheb. XL, b. תַּלְמוּד עָרוּךְ. Die, welche sich mit dem Studium beschäftigen, heissen בַּעֲלֵי תַלְמוּד. Später heisst das Sammelwerk, welches die Studien über die Mischnah einschl. dieser enthält, תַּלְמוּד. Wann dieses W. diese Bed. erhalten, ist noch zu ermitteln, in der Gem. selbst wird es nie so gebraucht. Es wird darin von שִׁשָּׁה סְדָרִים gesprochen, womit aber nur die Mi. gemeint ist. Sabb. LXIII, a. Eine Stelle Sanh. XXIV, a. תַּלְמוּד שֶׁל כָּבוֹד wird oft in diesem Sinne angeführt, aber irrthümlich, da nur die Weise des Studirens damit gemeint ist. Es würde sich also hieraus ergeben, dass in der Gem. selbst niemals von einem Thalmud, weder von einem jerusalemischen noch babylonischen, als von einem abgeschlossenen Werke die Rede ist.

תַּלְמִיד hebr. *Schüler*, einmal in d. Bib. 1. Chr. 25, 8., hier von Einem, der im Gesange ausgebildet wird, die Lehrer heissen מְלַמְּדֵי שִׁיר auch מֵבִין arab., syr. dass. Im Th. werden 3 Grade unterschieden, ein gewöhnlicher Schüler heisst תַּלְמִיד, er durfte in Gegenwart seines Lehrers, ausser wenn dieser es verlangte, nie eine Halachah aussprechen. Er. LXIII, a. כָּל הַמּוֹרֶה הֲלָכָה בִּפְנֵי רַבּוֹ חַיָּב מִיתָה; ein dem Lehrer gleichstehender Schüler, der aber auch von diesem gelernt hatte, hiess תַּלְמִיד חָבֵר das. רִ׳ חָבְרָא. תַּלְמִיד חָבֵר דְּרַב הוּנָא. Diejenigen, welche zum Lehramte befähigt aber noch nicht zum רַב ordinirt waren, hiessen תַּלְמִידֵי חֲכָמִים, sie werden Sabb. CXIV, a. dahin bestimmt אֵינְהוּ תַּלְמִיד חָכָם כָּל שֶׁשּׁוֹאֲלִין אוֹתוֹ הֲלָכָה בְּכָל מָקוֹם וְאוֹמְרָהּ. Das Wort ist analog dem φιλόσοφος für σοφός.

תָּנָא thalm., syr. תְּנָא, in der Gem. für שָׁנָה das, und neben dem in der Mi. gebr. (w. s.), stets in der Bed. *eine Halachah mittheilen*. Es sind folgende Schulausdrücke zu merken:

Mit תְּנַן u. תְּנִינַן wird eine Stelle aus unsrer, d. i. aus der Mischnah des R. Jehudah Hanasi,

mit תַּנְיָא eine Stelle aus einer der andern Mischnahsammlungen (Baraitha) angeführt;

mit תָּנָא wird eine, von einem Mischnahlehrer mündlich vorgetragene Halachah angezogen. Wenn sie von mehreren mitgetheilt wurde, heisst es תָּנוּ רַבָּנָן; wenn sie seinem Lehrhause entstammte und in einem Schriftwerke als Tosiphta (Novelle) gesammelt war, תָּנֵי רַבִּי. (S. Ra. z. Beza XXIX, a. Stw. דְּבֵי רַבִּי שְׁמוּאֵל). Nicht blos die Lehrer bis zu R. Jehudah's Redaktion hiessen תַּנָּאִים, sondern auch die, welche später das Auswendiglernen und Repetiren der Mi. sich zur Aufgabe gemacht hatten. Daher wird noch von den spätern Amoraim berichtet: תָּנָא ein Mischnahrepetent trug vor. Bez. XXIX, b. תָּנֵי תַּנָּא קַמֵּיהּ דְּרַבִּינָא. Die Beschäftigung mit der Mischnah des R. Jeh. wird als das Wichtigere, Gewöhnliche, die mit den andern als das Entbehrliche, Gelegentliche bezeichnet, dah. Suc. XXVIII, b. מַתְנֵא בִּמְטַלַּלְתָּא וְתָנוּי בַּר מִמְטַלַּלְתָּא »die erstere muss am Feste in der Festhütte, die andere kann ausser derselben studirt werden.« Wenn eine Halachah der einen Mi. mit der einer andern stimmt, so heisst das תָּנָא הוּגָא, B. m. III, a., wo ein Satz des R. Chija, der eine eigene Mi. hatte, als übereinstimmend mit der recipirten Mi. nachgewiesen wird; wird dies in Frage gestellt u. ein Unterschied gesucht, so heisst dies תְּנִיתוּהּ Jeb. XI, b., XII, a., LXXXV, a.

תָּנָא II auch תְּנָה thalm. (aus תִּנְיָנָא, hebr. שֵׁנִי der Zweite) K. ungebr. eigtl. von zwei Fällen einen annehmen, *bedingen, sich vorbehalten*. Hi. *übereinkommen*. B. b. VIII, b. רְשָׁאִין בְּנֵי הָעִיר לְהַתְנוֹת עַל הַמִּדּוֹת u. ö. וְאִם הִתְנָה עָלֶיהָ Bez. XXX, b. וְעַל הַשְּׁעָרִים Ket. 9, 1. הַמַּתְנָה עַל מַה שֶׁכָּתוּב בַּתּוֹרָה das. III, a. אִיבָּעֵי לֵיהּ לְאַתְנוּיֵי.

תְּנָאֵי pl. תְּנָאֵי, nachthalm. תְּנָאִים, syr. ܬܢܳܐ ohne pl. *Bedingung, Abmachung, Vertrag*. Ket. 4, 7. 8. 9. 10. 11. תְּנַאי בֵּית דִין »Bedingung von Rechtswegen« (die durch Abmachung unter den Parteien nicht umgestossen werden kann). Kid. 3, 4. כָּל תְּנַאי שֶׁאֵינוֹ כִתְנַאי בְּנֵי גָד וּבְנֵי רְאוּבֵן אֵינוֹ תְנַאי Ket. XIX, b. תְּנַאי הָיוּ דְבָרֵינוּ קַיָּימוּ das. הַכֹּל לְפִי תְּנָאוֹ, *Vorbehalt*, Bez. XXX, b.

תָּקַן hebr.=תָּכַן aus כּוּן II *gerade, recht sein, schaffen, richten*, aram. dass. Pa. תַּקֵן Aph. אַתְקִין syr. ܐܬܩܢ dass. thalm. dass. u. eine *Verordnung, bürgerliche Einrichtung treffen*. Pi. Meg. IV, a. מֹשֶׁה תִּיקֵן לָהֶם לְיִשְׂרָאֵל. Hi. Git. 4, 2. 3. הִלֵּל הִתְקִין פְּרוֹזְבּוּל. Dav.

תַּקָּנָה, def. תַּקַּנְתָּא f. *Vortheil*. Git. 4, 6. מִפְּנֵי תַקָּנַת הַשָּׁבִין *Wiederherstellung*, restitutio. Meg. III, a. מַאי תַּקַּנְתֵּיהּ *Verordnung, Einrichtung*, usus.Ro.hasch. XXXI,a. תַּקָּנוֹת רַ' יוֹחָנָן בֶּן זַכַּאי Sabb. XXX, a. מִשֶׁה תִּיקֵן כַּמָּה תַקָּנוֹת.

תִּיקּוּן def. תִּיקּוּנָא *Ordnung, Recht, Wohlfahrt*. Git. 4, 2. 3. מִפְּנֵי תִיקּוּן הָעוֹלָם.

תָּקַף hebr. tr. *bewältigen, -zwingen, mit Gewalt ergreifen*, aram.; syr. u. ar. dass., thalm. dass. u. *sauer werden* v. Weine, whrschl. weil die Alten den Wein süss, un-gegohren tranken, dah. der herbe od. gar saure sie gleichsam packte. B. m. LXXXIII, a. דְּצֵי חַמְרָא וּתְקִיפוּ לְהוּ. Aph. אַתְקִיף Schulw. eigtl. Jmd. anpakken, eine schwere *Frage* oder *Einwendung gegen seinen Ausspruch* an ihn *richten*. Die Redensart ist erst bei spätern Amoraim seit Rabbah u. Rab Joseph im Gebrauch. Der Einwand stützt sich stets auf rationelle Begründung, niemals auf überlieferte Sätze. Git. XXIII, a. הֵיאַךְ סוּמָא מַתְקִיף בְּאִשְׁתּוֹ. B. k. LXXI, מִי אִיכָּא מִידֵי דְּאִי עָבֵיד אִיהוּ לָא מִחַיָּיב וְאִי עָבֵיד שְׁלִיחַ מִחַיֵּיב. »Kann es Etwas geben, wofür man, wenn man es selber thut, nicht schuldig, aber schuldig ist, wenn man es durch einen Beauftragten thuen lässt?« Vgl. Beza XII, a. Eine abweichende Bed. hat der Ausdruck B. m. XXXIII, b. מַתְקִיף לָהּ רָמִי בַּר חָמָא, wo der Einwand gegen keine Person gerichtet ist, sondern auf die Mi. das. bezogen werden muss, dah. es Ra. durch Staunen erklärt.

תַּרְגֵּם hebr., jed. nur Esr. 4, 7. ein Quadrilit (Pi. v. רָגַם IV, *einstechen, -graben, -zeichnen), auseinandersetzen, dolmetschen, erklären*, syr. ܬܪܓܡ, ar. تَرْجَمَ dass., thalm. dass. u. als Schulw. *einen Widerspruch lösen, indem man einen vermittelnden Sinn hineinlegt*. Sabb. CXI, b. אֲנִי וַאֲרִי שֶׁבַּחֲבוּרָה תַּרְגְּמִינָא, Bez. XXVII, b. תִּרְגְּמָהּ רַ' זְעֵירִי בְּכַהֲמַת קָדָשִׁים u. ö. תּוּרְגְּמָן u. מְתוּרְגְּמָן, letzt. Form Meg. 4, 5. dagegen erstere dafür in Gem. *Uebersetzer*. Speziell der, welcher nach der eingeführten Sitte die Lectionen der Thora in die aramäische Landessprache übersetzte. Dagegen kann die Stelle Mac. 1, 9. שְׁרָא תָּנָא סַנְהֶדְרִין שׁוֹמַעַת מִפִּי הַתּוּרְגְּמָן auch von einem Uebersetzer in jede andere Sprache verstanden werden.

תַּרְגּוּם *Uebersetzung*. Im Th.jedoch nur Uebers. aus dem Hebräischen ins Aramäische. Meg. III, a. תַּרְגּוּם שֶׁל תּוֹרָה אוֹנְקְלוֹס הַגֵּר אֲמָרוֹ מִפִּי רַ' אֱלִיעֶזֶר וְרַ' יְהוֹשֻׁעַ, תַּרְגּוּם שֶׁל נְבִיאִים יוֹנָתָן בֶּן עוּזִיאֵל אֲמָרוֹ מִפִּי חַגַּי זְכַרְיָה וּמַלְאָכִי. Eine solche Uebers. zu den Hagiographen muss auch schon vorhanden gewesen sein nach Sabb. CXV, a. רַ' גַּמְלִיאֵל בְּיָרוֹ סֵפֶר אִיוֹב תַּרְגּוּם.

תָּרַם tr. Neubildung v. hebr. רוּם, *hoch sein*, Hi. *erheben*, (*Abgaben*,)besd. z. Heiligthum u. an die Priester *entrichten*, dav. תְּרוּמָה *heilige Steuer*, dah. thalm. תְּרַם eigtl. תְּרוּמָה *machen*. Diese bestand nach der Tradition aus mindestens 1/60 von Allem, was geerntet wurde. Ther. 4, 3. Im K. werd. gebr. תְּרַם, Inf. u. Imp. תְּרוֹם,fut. יִתְרוֹם,part. תּוֹרֵם. Das. u. überall, Ni. תֵּירוֹם statt תִּתְּרֵם das. 5, 4.

תָּרֵץ tr. Neubildung v. hebr. רָצָה (w. s.) *sich anschliessen*, Hi. הֵרִיץ, *begütigen, befriedigen, zum Austrag bringen*, dav. תֵּירוּץ *Beantwortung einer Frage, Beruhigung*, dav. תָּרַץ eigtl. einen תֵּירוּץ geben, syr.  *gerade machen, gerade Richtung nehmen*, thalm. *gleichen Schritt halten*. Sabb. LXVI, b. לְתָרוֹצֵי סוּגְיָא, Hi. *die Richtung auf Jmd. nehmen* (bei Tische). Ber.

XLVI, b. מַתְרִיץ תָּרוֹצֵי וְיָתִיב וּמִשְׁתָּעֵי בַּהֲדֵ־הּ »er wendet sich ihm zu, indem er sich setzt, und unterhält sich mit ihm,« Bez. XXXII, a. תֵּרַצְתְּ לָךְ רֵישָׁא »du hast richtig gestellt...«, Pi. dass Jeb. XI, b. וְלָאו תֵּרוּצֵי קָא מְתָרְצַתְּ לַהּ תָּרֵיץ הָכִי »da du sie (die Bar.) einmal berichtigst, berichtige sie so.« — Es heisst daher eine Baraitha, welche mit einer andern verglichen und deren etwaigen Widersprüche gelöst waren, מְתָרְצְתָּא, im Ggs. zu einer solchen, mit der das noch nicht geschehen, die daher noch angezweifelt werden konnte, מְשַׁבְּשְׁתָּא, Sabb. CXXI, b. וּמַאן נִימָא לָן דְּהָא מְתָרְצָתָא הִיא דִּילְמָא מְשַׁבְּשְׁתָּא הִיא‏ אָמַר ר' יוֹסֵף אֲנָא מַתְנִינָא לַהּ וְאוֹתִיבְנָא לַהּ וְאָנָא מְתָרִיצְנָא לַהּ »Und wer sagt uns, dass diese Baraitha eine berichtigte ist, vielleicht ist sie eine zweifelhafte? Sagte Rab Joseph: Ich habe sie vorgetragen, habe die Widersprüche (gegen andere) aufgesucht, und habe sie berichtigt.«

Verzeichniss der Abkürzungen.

a	— erste Seite eines Blattes.	jat.	— lateinisch.
adj.	— adjectiv.	m.	— mit.
adv.	— adverbium.	m.	— masculinum.
Aph.	— Aphel.	Mf.	— Mischnah.
allg.	— allgemein.	nam.	— namentlich.
ap. apoc.	— apocopatum.	Nath.	— Nathan, Verfasser d. Aruch.
Ar.	— Aruch.	n. E.	— nach Einigen.
ar.	— arabisch.	N. F.	— Nebenform.
aram.	— aramäisch.	nom.	— nomen.
b.	— zweite Seite des Blattes.	N. T.	— Neues Testament.
Bed.	— Bedeutung.	N. W.	— Nennwort.
Bedd.	— Bedeutungen.	Onk.	— Onkelos.
bes.	— besonders.	P.	— Person.
conj.	— conjunctio u. conjugatio.	Pa.	— Pael.
ctrh.	— contrahirt.	part.	— participium.
daf.	— dafür.	Pe.	— Peal.
dah.	— daher.	pers.	— persisch.
das.	— daselbst.	Pi.	— Piel.
dass.	— dasselbe.	pl.	— pluralis.
dav.	— davon.	pr. dem.	— pronomen demonstrativum.
def.	— definitivus.	Ra.	— Raschi.
den.	— denominativum.	sbst.	— substantivum.
d. P.	— der Person.	scil. sc.	— scilicet.
d. S.	— der Sache.	s. d.	— siehe dies.
du.	— dualis.	sing. sg.	— singularis.
e.	— ein, eine, etc.	spec.	— speciell.
eig.	— eigentlich.	St.	— Stamm.
emph.	— emphaticus.	suff.	— suffixum.
entw.	— entweder.	s. v. a.	— so viel als.
etw.	— etwa, auch etwas.	s. v. w.	— so viel wie.
f.	— femininum.	syr.	— syrisch.
F.	— Form.	überh.	— überhaupt.
fut.	— futurum.	übertr.	— übertragen.
F. W.	— Fürwort.	ungbr.	— ungebräuchlich.
G. B.	— Grundbedeutung.	urspr.	— ursprünglich.
Gem.	— Gemara.	thalm.	— thalmudisch.
gen.	— genitivus.	tr.	— transitivum.
gew.	— gewöhnlich.	Trg.	— Targum.
G. F.	— Grundform.	v.	— von, verbum.
Ggs.	— Gegensatz.	verk.	— verkürzt.
gr.	— griechisch.	verm.	— vermuthlich.
hebr.	— hebräisch.	versch.	— verschieden.
Hiph.	— Hiphil.	viell.	— vielleicht.
hingg.	— hingegen.	vollst.	— vollständig.
Hoph.	— Hophal.	vorz.	— vorzüglich.
jer.	— jerusalemisch.	verw.	— verwandt.
interj.	— interjectio.	W.	— Wurzel, auch Wort.
intr.	— intransitivum.	wof.	— wofür.
Ithp.	— Ithpeal.	w. s.	— welches siehe.
Ithpa.	— Ithpael.	z. St.	— zur Stelle.
Jem. Jemdm.	— Jemand, Jemandem.	zus.	— zusammen.
Jon.	— Jonathan.	zus. ges.	— zusammengesetzt.
K.	— Kal.	zw.	— zwischen.
L. A.	— Leseart.	Z. W.	— Zeitwort.

Die biblischen Bücher sind in den bekannten Abkürzungen citirt, eine Ziffer mit Komma bedeutet das Capitel, eine mit Punkt den Vers. Die Tractate des Thalmuds haben kenntliche Anfangssylben, nur B. k., B. m., B. b. bedeuten Baba kama, mezia, bathra. Wenn eine arabische Ziffer auf den Tractat folgt, so ist eine Mischnaausgabe, wenn eine römische, so ist eine Gemaraausgabe citirt.